Les finances publiques et la réforme budgétaire

5e édition

Edward Arkwright,
maître de conférences à l'IEP Paris
Jean-Luc Bœuf,
directeur général des services du conseil général du Val d'Oise et maître de conférences à l'IEP Paris
Cécile Courrèges,
inspectrice des Affaires sociales
Stanislas Godefroy,
maître de conférences à l'IEP Paris
Manuela Magnan,
conseil général des Yvelines
Gautier Maigne,
membre de l'Inspection générale des Affaires sociales
Manuel Vazquez,
maître de conférences à l'IEP Paris

Collection dirigée par Isabelle Flahault

La documentation Française

Dans la collection
Découverte de la vie publique

Déjà parus :

- Citoyenneté et vie démocratique (octobre 2005)
- Les institutions de la France 2e édition (avril 2007)
- L'administration et les institutions administratives (janvier 2008)
- La justice et les institutions juridictionnelles (juin 2008)
- Les collectivités territoriales et la décentralisation 4e édition (juin 2008)
- L'Union européenne. Institutions et politiques 2e édition (juillet 2008)

À paraître :

- Les collectivités territoriales et la décentralisation, 5e édition (octobre 2009)
- Les institutions de la France, 3e édition (novembre 2009)

Édition mise à jour en septembre 2009 (1ère édition août 2005)

ISBN : 978-2-11-007820-9

La collection *Découverte de la vie publique*

Découverte de la vie publique est une collection de La Documentation française, qui a pour vocation de présenter de façon à la fois pédagogique et rigoureuse le fonctionnement des institutions et de la vie publique en France.

Pédagogique, car les textes sont élaborés par des spécialistes des questions abordées ayant une expérience de l'enseignement, mais aussi parce que chaque thème est traité sous forme de questions-réponses afin de le rendre plus accessible. Tous les mots, ou expressions, techniques ou spécifiques sont explicités et des illustrations permettent d'avoir une vision claire et immédiate de certains mécanismes institutionnels. **Rigoureuse**, car le thème abordé dans un volume de la collection est traité de la façon la plus complète possible. Des encadrés portant sur des sujets plus spécifiques ou techniques complètent d'ailleurs les questions-réponses.

Chaque ouvrage se décline donc en plusieurs chapitres composés de questions-réponses et d'encadrés, complétés parfois par des schémas ou *quiz*. Des annexes comportant notamment une liste de liens commentés clairement vers des sites de référence, constituent un utile complément d'information. Enfin, la table des matières, récapitulant la liste des questions-réponses et des encadrés, permet de se retrouver rapidement dans l'ouvrage.

Cette collection est une déclinaison révisée de la rubrique « Découverte des institutions » du portail d'informations citoyennes administré par la Documentation française, www.vie-publique.fr, dont elle constitue un utile complément.

Sommaire

CHAPITRE 1

LES FINANCES PUBLIQUES : DÉFINITIONS ET HISTOIRE

Définitions

Comment définir les finances publiques ?

Les finances publiques sont couramment définies comme l'étude des ressources, des charges et des comptes des collectivités publiques, c'est-à-dire principalement de l'État, des collectivités territoriales, des organismes de Sécurité sociale, de ceux dépendants étroitement de l'État et des collectivités territoriales (établissements publics), de l'Union européenne.

En effet, il existe plusieurs façons de les définir. Selon que l'on se place sur le plan juridique ou économique, il peut s'agir de :
- l'étude des finances des personnes morales de droit public (État, collectivités territoriales, établissements publics);
- l'étude des finances des administrations publiques, c'est-à-dire des organismes dont l'activité économique est principalement constituée d'opérations de redistribution ou de production de services non marchands et dont les ressources sont en majorité des prélèvements obligatoires. Cette définition prend en compte des organismes de droit privé participant aux activités de la puissance publique (ex : caisses locales de Sécurité sociale), mais exclut des établissements publics aux activités marchandes (ex : RATP). Elle est utilisée par la comptabilité nationale.

Les finances publiques relèvent du droit public et des règles précises encadrent les actions financières et comptables des acteurs publics (établissement des budgets et des comptes, perception des impôts, exécution des dépenses, contrôles).

Les finances publiques sont au cœur de la décision politique. Elles constituent un des principaux leviers de l'action publique et expriment des choix de société. Ainsi, par l'impôt et les dépenses (ex : subventions, recrutements), les acteurs publics pèsent sur la croissance économique, la répartition des ressources et le développement de certains secteurs.

Leur périmètre s'est accru avec le champ de l'intervention publique. À l'origine limitées aux fonctions régaliennes, les finances publiques concernent aujourd'hui tous les domaines de l'action publique.

Qui sont les acteurs des finances publiques ?

Les acteurs des finances publiques sont **tous les organismes**, publics et privés (ex : l'Unedic), **financés principalement par des prélèvements sur les ressources des Français** (ex : revenus, patrimoine) **et intervenant dans un but d'intérêt général**.

Il s'agit :
– de l'État;
– des collectivités territoriales et de leurs groupements : communes, départements, régions, collectivités d'outre-mer, collectivités à statut particulier, établissements publics de coopération intercommunale, syndicats mixtes, etc.;
– des organismes de protection sociale : organismes obligatoires de Sécurité sociale, Unedic;
– d'organismes divers d'administration centrale et sociale : établissements publics nationaux, organismes finançant des politiques sociales (ex : Fonds de solidarité vieillesse, Fonds de financement de la couverture maladie universelle complémentaire, Fonds de financement de l'allocation personnalisée d'autonomie). Y sont inclus également des organismes de droit privé participant à la puissance publique;
– de l'Union européenne.

Certains acteurs jouent un rôle déterminant :
– le Parlement consent l'impôt, vote les recettes et les dépenses de l'État et des organismes sociaux, approuve les comptes et contrôle l'utilisation de l'argent public;
– le ministère des Finances élabore les règles des finances publiques, les pilote, les contrôle et recouvre les impôts;
– la Cour des comptes juge les comptes des comptables publics, contrôle la gestion et assiste le Parlement et le gouvernement dans leurs missions.

Histoire

Pourquoi est-il nécessaire d'organiser les finances publiques ?

Les finances publiques sont un facteur de puissance pour l'État. D'après l'économiste autrichien Joseph Schumpeter, « ce sont les besoins financiers qui ont été à l'origine de l'État ». Ainsi, depuis l'Antiquité, le pouvoir politique s'est toujours préoccupé de l'organisation de ses finances. L'Empire romain disposait d'un puissant système fiscal, administrativement unifié et adapté à la diversité et à l'immensité de son territoire. À partir de la fin du Moyen-Âge, en France, un système financier organisé et performant procure au monarque les ressources stables et dynamiques dont il a besoin pour la guerre (défendre ou accroître son territoire), ou pour asseoir son pouvoir (financer un appareil judiciaire se substituant aux justices ecclésiastique et seigneuriale, par exemple). Enfin, le mode de perception de l'impôt permet de mettre en place un appareil administratif sur tout le territoire.

L'organisation des finances publiques permet de prendre en charge des besoins nouveaux. Leur poids révèle l'importance du rôle de l'État dans la société. Les dépenses publiques n'ont ainsi jamais cessé de croître, l'action publique couvrant des secteurs de plus en plus nombreux.

Elles sont aussi une source d'enrichissement. À partir du XVIIe siècle, le lien entre le système fiscal et l'économie est établi. Les gouvernants comprennent que la structure de l'impôt peut influencer les décisions des acteurs économiques. Plus tard, au XXe siècle, l'impôt devient un facteur de justice sociale.

Enfin, **l'organisation des finances publiques est un indice de la qualité du lien entre le politique et le social**. Lorsqu'elle se traduit par des mécanismes de consentement à l'impôt, un degré de transparence sur les comptes ou un contrôle sur les dépenses, elle va de pair avec la démocratie.

Les grandes phases d'évolution des finances publiques de l'Antiquité à la Révolution française

Les Romains avaient commencé à organiser leurs finances publiques en centralisant les recettes de l'État au sein du *fiscus* (Trésor impérial) et de l'*aerarium* (Trésor de l'État romain). Les rois francs récupèrent le fruit des impôts romains, puis progressivement ces produits sont éclatés entre les seigneurs féodaux et le Trésor public se privatise. Avec les croisades revient l'idée de recettes royales. Puis, tout au long de la monarchie, le pouvoir royal est confronté à la même difficulté : il lui faut trouver les moyens de financer son action. Dès lors, il doit lever l'impôt et s'organiser pour gérer ses dépenses.

Lever l'impôt

Longtemps, le roi ne dispose que des ressources ordinaires tirées de son domaine (ex : cens, revenus fonciers). Mais l'augmentation des charges – la guerre de Cent ans marquant un tournant – contraint le monarque à chercher de nouvelles recettes et donc à lever des impôts. Ils servent essentiellement à la couverture des dépenses extraordinaires : la guerre.

Lever l'impôt suppose un dialogue avec le peuple afin d'éviter les révoltes fiscales. Cependant, la monarchie française se bat du XIIIe au XVIIIe siècles contre l'affirmation d'un consentement préalable et annuel de l'impôt par une assemblée, préférant un dialogue ponctuel, voire son absence, avec les États généraux (assemblée représentant les trois ordres du royaume : clergé, noblesse, tiers État). Ceux-ci se réunissent, pour la première fois, sous Philippe le Bel, en 1302. Pendant la guerre de Cent ans, ils autorisent plusieurs impôts (aides, gabelle, traites, taille). D'abord provisoires, ils deviennent progressivement permanents. Ainsi, à partir de 1439, les États généraux réunis à Orléans autorisent la permanence de la taille destinée à financer une armée également permanente. Au lieu du consentement régulier des États, le roi affirme, à partir de Charles VII, le droit royal d'imposer.

La monarchie souffre néanmoins d'un morcellement du pouvoir fiscal, lui même affaibli faute de consentement légitime. Dès lors que les besoins ne cessent de croître, les ressources fiscales viennent à manquer et le pouvoir royal ne parvient pas à réformer le système, se heurtant à l'hostilité des parlements de Paris et de province et évitant de réunir les États généraux à partir de 1614.

Le refus par le parlement de Paris de la réforme fiscale de 1787 accélère la convocation des États généraux en 1789. Dès le 17 juin, l'Assemblée nationale déclare nuls et illégaux tous les impôts existants, puisque établis sans le consentement de la Nation. Le 23 juin 1789, Louis XVI accepte que toute création ou prorogation fiscale soit désormais soumise au consentement des députés de la Nation. Ce pouvoir reste par la suite aux assemblées élues. Les révolutionnaires suppriment d'abord les impôts indirects, considérés comme injustes et nocifs au développement économique, avant de les rétablir sous le Directoire, et créent des impôts directs (ancêtres des « quatre vieilles »). Ils établissent également, par le suffrage censitaire, un lien entre fiscalité et citoyenneté.

Financer les dépenses

Sous l'Ancien Régime, la dépense commande la recette. Cependant, les recettes fiscales ne parvenant pas à couvrir les besoins croissants de la monarchie, le roi doit s'endetter, au point qu'à la fin de l'Ancien Régime les intérêts de la dette représentent la moitié des dépenses de l'État. Pour faciliter le remboursement de sa dette, mais aussi pour des raisons de trésorerie, le monarque a recours à la dévaluation de la monnaie, puis tente de créer de la monnaie grâce à de nouvelles techniques comme la monnaie fiduciaire.

La Révolution, héritière des dettes de la monarchie et prise dans les mêmes difficultés fiscales, essaie de créer des assignats garantis par les biens nationaux, en réalité d'une valeur huit fois plus élevée. La Révolution ouvre aussi le premier livre de la dette publique afin d'en centraliser la tenue.

Pour autoriser ces dépenses, le roi se dote de documents prévisionnels, qui se perfectionneront pour donner le budget. L'état de finances est adopté par le conseil royal des Finances. À partir de 1789, l'assemblée approuve chaque année les recettes et les dépenses.

Créer l'appareil administratif financier

Qu'il s'agisse de collecter les impôts ou de payer les dépenses, la monarchie doit se doter d'un appareil administratif pour gérer les finances publiques. Jusqu'à la monarchie absolue, les décisions successives des rois accroissent l'efficacité du système.

Alors que depuis Philippe Auguste la gestion des finances royales était confiée aux Templiers, au XIVe siècle, le roi tente de se doter d'instruments à sa main. Après le renvoi des Templiers, Philippe le Bel crée des receveurs chargés d'encaisser les recettes et de payer les dépenses. À partir de 1323, ces agents doivent prêter serment devant les chambres des comptes, qui les contrôlent. À la fin du Moyen-Âge, le roi se dote d'un appareil administratif qui ne cesse ensuite de se développer.

En matière fiscale, Jacques Cœur sépare dès 1439 les ordonnateurs – chargés d'établir l'assiette – et les comptables – compétents pour le recouvrement. Louis XI s'appuie sur l'appareil administratif pour accroître la centralisation et la puissance de l'État. Il nomme des généraux de finances chargés de gérer les dépenses et les recettes extraordinaires, et établit le premier document budgétaire : l'état au vrai. François Ier crée une caisse centrale des recettes, placée sous la responsabilité du trésorier de l'épargne. En 1562, apparaît le titre de surintendant des finances. Chargé notamment du domaine royal, il permet de déléguer une partie des compétences financières du roi. La procédure budgétaire annuelle se précise, avec des documents de prévision et d'exécution budgétaires.

À partir de Louis XIV, ce mouvement liant extension des pouvoirs financiers et affirmation du pouvoir royal se rompt en raison de la crise financière de la monarchie. Colbert, malgré ses réformes, doit déléguer à la ferme générale le recouvrement des recettes – le trésor public ne sera à nouveau centralisé qu'à la veille de la Révolution.

Que désignait-on par finances ordinaires et extraordinaires ?

▶▶ Depuis le Moyen-Âge, **on distingue les finances ordinaires,** couvrant les dépenses de fonctionnement de la puissance publique, **des finances extraordinaires,** prenant en charge des opérations ponctuelles, principalement militaires, au coût insupportable pour les seules ressources ordinaires. Il s'agissait, par souci de bonne gestion, d'éviter que le fonctionnement courant soit financé par des recettes exceptionnelles. Mais, les finances extraordinaires permettaient aussi de s'affranchir des règles ordinaires de gestion, de plus en plus contraignantes avec le temps, ce qui explique leur maintien.

▶▶ **Les recettes ordinaires** proviennent, à l'origine, essentiellement du **domaine royal,** constitué de l'ensemble des terres et des droits appartenant en propre au roi. Les **finances extraordinaires** sont des revenus supplémentaires, au départ provisoires, levés par le roi sous la forme d'**impôts**. Elles apparaissent au XIVe siècle avec quatre nouveaux prélèvements (les aides, la gabelle, les traites et le fouage) pour financer la guerre de Cent ans et soutenir l'accroissement du pouvoir royal.

▶▶ **Jusqu'à l'Empire, tous les régimes ont recours aux finances extraordinaires**, parfois gérées par une caisse particulière (ex : caisse de l'Extraordinaire pour la vente des biens du clergé sous la Révolution).

Alors qu'à la Restauration, le principe d'unité budgétaire met fin à cette distinction, celle-ci renaît rapidement pour des grandes opérations d'investissement. **Depuis la IIIe République, cette pratique décline**. Aujourd'hui, seuls demeurent des dispositifs voisins, comme les budgets annexes, retraçant les comptes de certains services locaux (ex : l'eau) ou de l'État (ex : Publications officielles et information administrative).

A-t-il toujours existé un document retraçant le budget de l'État ?

▶▶ Le **mot budget n'apparaît en France qu'au début du XIXe siècle, ce qui ne veut pas dire qu'il n'existait pas**

de document équivalent jusque-là. En effet, sous l'Antiquité, le système financier est marqué par un puissant système fiscal et une administration unifiée. Ce système éclate pour se reconstituer peu à peu à partir du XIIIe siècle.

▶▶ Ainsi, Philippe Auguste sépare le trésor de la cassette du roi. Charles VII met en place au XIVe siècle, «**l'état général des finances**», qui retrace les dépenses et recettes prévues pour l'année. Aux XVI et XVIIe siècles, le surintendant des finances, maître des finances publiques, propose au Conseil du roi le projet de dépenses et de recettes, «**l'état par estimation**», et présente en fin d'année «**l'état au vrai**» des fonds perçus et dépensés. À partir de 1665, un «**état général**» est élaboré chaque année par le contrôleur général des finances, duquel on extrait des «**états du roi**», retraçant les dépenses et les recettes prévues, et envoyés à tous les comptables. Après l'exécution des opérations, on obtient les «états au vrai».

▶▶ Les révolutionnaires regroupent, à partir du décret du 5 septembre 1794, les dépenses et recettes de l'État, des départements et des communes, dans plusieurs documents dont **l'état des moyens**. Les **lois de finances** sont ensuite votées chaque année à partir de la Restauration, en distinguant les recettes des dépenses, ainsi qu'une **loi des comptes** une fois l'exercice annuel achevé. Cependant, la réapparition des finances extraordinaires, retracées dans des documents différents du budget de l'État, empêche ensuite l'achèvement de l'unité budgétaire jusqu'au décret de 1862 obligeant le vote des dépenses et recettes dans une loi de finances unique. Les budgets locaux se séparent à nouveau du budget de l'État en 1892.

Y a-t-il toujours eu un ministre des Finances en France ?

▶▶ **Ce qu'on peut assimiler à la fonction de ministre des Finances apparaît à la fin du Moyen-Âge,** au moment où les finances publiques s'organisent et où l'État se renforce. Aux XIVe et XVe siècles, un Trésorier, sous Philippe le Bel, puis quatre Trésoriers de France, sous Charles VII, sont chargés des finances ordinaires, c'est-à-dire des revenus du domaine royal (ex : cens, revenus fonciers). Quatre «généraux des finances» assurent la même fonction pour les finances extraordinaires, revenus supplémentaires levés sous la forme d'impôts.

▶▶ Au début du XVIe siècle, François Ier réforme l'organisation des finances en les centralisant davantage. En 1523, il crée le Trésor de l'Épargne, caisse regroupant les recettes ordinaires et extraordinaires. Sous Henri II, une seule personne s'occupe des affaires financières. Le titre de **surintendant des Finances** lui est donné en 1561, sous Charles IX. Mais, c'est Sully qui lui donnera toute sa dimension à partir de 1598. Louis XIV supprime cette fonction en 1661 et, à partir de 1665, le **contrôleur général des Finances** est à la tête des finances et de l'économie du royaume. Le nom de Colbert reste particulièrement associé à cette charge qu'il occupa de 1665 à 1683.

▶▶ Sous la Révolution, la fonction revient d'abord au pouvoir législatif, qui se dote d'un comité des finances, d'un bureau de la comptabilité et d'une commission de la trésorerie qui surveille les mouvements de fonds. Le **ministre des Finances n'est alors qu'un simple ministre des «contributions et revenus publics»**. Puis, sous le Directoire, on assiste à un retour en force de l'exécutif.

▶▶ **Le Consulat, puis l'Empire, recréent une fonction financière forte**. Mais en distinguant, sous l'Empire, le ministre des Finances (recettes et préparation du budget) de celui du Trésor (exécution des dépenses). Avec le baron Louis, la Restauration les unifie. Le pouvoir du ministre des Finances croît alors progressivement, notamment vis-à-vis des ministres dépensiers, tenus de respecter la loi de budget et de rendre compte de leurs dépenses.

Les assemblées parlementaires ont-elles toujours eu un rôle important en matière de finances publiques ?

▶▶ **Les assemblées parlementaires sont nées contre le Souverain pour consentir l'impôt.** Les rois, à partir du Moyen-Âge, sont confrontés à des besoins financiers croissants (guerres, développement du pouvoir royal et de l'appareil d'État...) et doivent trouver de nouvelles ressources. Face aux réactions hostiles, ils sont contraints de progressivement concéder le principe d'approbation des impôts, qui ouvre la voie à la représentation parlementaire.

En France, le roi parvient jusqu'en 1789 à éviter qu'une assemblée siégeant en permanence n'autorise l'impôt. En effet, à partir de 1302, l'autorisation des États généraux est nécessaire pour les créations d'impôts extraordinaires. Mais cette assemblée, qui représente les trois ordres du royaume (clergé, noblesse et tiers État), n'est pas permanente et ne se réunit que sur convocation du roi. De plus, ce dernier réussit à limiter ce principe d'approbation et, entre 1614 et 1789, ne convoque plus les États généraux lorsqu'il crée de nouveaux impôts (capitation, dixième, vingtième). Toutefois, le droit royal d'imposer est contesté tout au long du XVIIIe siècle par les parlements de Paris et de province. Enfin, la crise financière et politique conduit Louis XVI à convoquer les États généraux en 1789.

À partir de là, et jusqu'en 1959, les pouvoirs financiers du Parlement, devenu permanent, ne cessent de croître.

Ce processus avait été plus rapide en Angleterre. La Grande Charte de 1215, qui limite l'arbitraire royal, imposait au roi de ne pas lever d'impôt sans le consentement du Conseil commun du royaume. Le Parlement britannique, devenu ensuite permanent, s'affirme par la suite en accordant ou refusant les impôts souhaités par le roi.

Depuis quand les comptes publics sont-ils contrôlés en France ?

Le roi met progressivement en place des contrôles, qui attendront le XIXe siècle pour devenir pleinement efficaces.

Les premiers contrôlés sont les comptables, soumis au roi depuis Philippe le Bel, contrôlés par les chambres des comptes depuis 1320. Jacques Cœur sépare ordonnateurs et comptables en matière fiscale. Depuis Louis XI, l'état au vrai des dépenses est contrôlé par les chambres des comptes. En 1807, Napoléon crée la Cour des comptes, chargée de juger les comptables et de rendre un rapport annuel sur les dépenses. Pour les recettes, l'éclatement des caisses empêche d'avoir une vision consolidée et occasionne des pertes de revenus. Sous la Révolution, la Trésorerie, centralisée par Louis XVI, est rattachée à l'Assemblée. Sous l'Empire, le Trésor est séparé en deux avec la création du Trésor de l'armée.

Il est plus difficile de contrôler les ordonnateurs des dépenses, faute de contrôle budgétaire et d'une limitativité des crédits. Louis XIV centralise l'ordonnancement des dépenses et en réserve le pouvoir à des agents spécialisés. Néanmoins, chaque ministère bénéficie de facilités jusqu'à la Restauration.

Le contrôle parlementaire naît au même moment et se développe avec l'assistance de la Cour des comptes. Parlement et ministère des Finances ont les mêmes buts : prévoir les dépenses, faire respecter la disponibilité et la limitativité des crédits, consolider les comptes. En 1922, est créé le contrôle des dépenses engagées, outil efficace de contrôle préalable aux dépenses. Depuis quelques années, le contrôle parlementaire évolue vers une évaluation de la bonne utilisation des crédits (objectif de performance).

La Cour des comptes : origine et compétences au XIXe siècle

Par la loi du 16 septembre 1807, complétée par le décret du 28 septembre 1807, Napoléon crée la Cour des comptes, juridiction des comptes et des comptables publics. Au cours du XIXe siècle, la Cour élargit à la fois ses contrôles et son champ d'intervention.

Les origines de la Cour des comptes : entre l'héritage de l'Ancien Régime et les tentatives révolutionnaires

La Cour des comptes n'est pas la première institution de contrôle des finances publiques en France. En effet, **l'Ancien Régime** disposait de chambres des comptes. La première, et la plus puissante, est la chambre des comptes de Paris. Créée à la fin du XIIe siècle, elle s'inspire d'initiatives équivalentes conduites en Angleterre, en Normandie ou en Savoie. Elle n'est cependant véritablement organisée qu'en 1320 par l'ordonnance de Philippe V le Long. Elle comprend des présidents, des maîtres des comptes, des auditeurs, mais aussi des procureurs représentants le roi. À la veille de la Révolution, elle rassemble environ 200 personnes. Au Moyen-Âge, d'autres chambres des comptes sont créées en province. Elles sont souveraines et ne sont pas rattachées à la chambre des comptes de Paris.

Les chambres des comptes eurent d'abord des attributions importantes, touchant à l'ensemble du domaine financier. La création de juridictions spécialisées dans le contentieux fiscal ou la monnaie (cours des aides, des monnaies), mais aussi l'essor du parlement de Paris, les limitèrent vite à deux fonctions :
- l'enregistrement des actes royaux ayant des conséquences financières ou ayant trait à la propriété du domaine royal ;
- l'examen et le jugement des comptes des comptables publics.

La procédure d'examen des comptes est devenue progressivement annuelle. Après une instruction, la chambre rendait un arrêt, pris collégialement, déclarant le comptable quitte, débiteur ou, au contraire, créancier du roi. Une seconde vérification plus approfondie pouvait suivre cette première étape. La chambre des comptes pouvait prononcer de lourdes sanctions en cas d'irrégularités ou de fraudes.

Agissant pour le compte du roi, les chambres des comptes pouvaient voir leurs décisions cassées par le monarque ou son conseil. De même, le roi pouvait remettre un débet, dispenser de rendre un compte ou de justifier une dépense.

Cependant, le nombre des chambres des comptes, la moindre qualité de leurs membres au fur et à mesure que la vénalité et l'hérédité des charges exerçaient leurs effets, la concurrence avec d'autres institutions, l'absence de règles comptables très affirmées et le retard pris dans le jugement des comptes expliquent, qu'à la Révolution, ces institutions ne jouaient plus convenablement leur rôle de contrôle des comptes publics.

La Révolution voulut rompre avec ce système. Méfiante à l'égard de toutes les anciennes cours souveraines, l'Assemblée nationale constituante supprima définitivement les chambres des comptes par la loi des 17-29 septembre 1791. Afin d'assurer l'effectivité de l'obligation, fixée par la *Déclaration des droits de l'homme et du citoyen* de 1789, pour tout agent public de rendre compte de sa gestion, l'Assemblée commença par vouloir elle-même assurer ce rôle. Elle créa ainsi un « bureau de comptabilité » de quinze membres, rattaché à son comité des finances. Sur son rapport, l'Assemblée jugeait les comptes et donnait décharge aux comptables. En 1795, avec la Constitution de l'An III instituant le Directoire, les nouveaux « commissaires de la comptabilité nationale » de la commission de la Comptabilité nationale récupèrent le pouvoir de décision exécutoire, se contentant de mentionner aux parlementaires les abus et malversations qu'ils avaient observés. Cependant, ils ne parvinrent jamais à contrôler les comptes de la gestion révolutionnaire, faute de remise de ceux-ci par le ministère des Finances et en raison du climat d'anarchie financière.

En 1807, Napoléon s'inspira des procédures et du mode de fonctionnement juridictionnels des chambres des comptes de l'Ancien Régime, mais confia ce rôle à une institution unique afin d'instaurer un contrôle centralisé. Les pouvoirs de la Cour étaient alors strictement limités aux comptes et aux comptables, les ordonnateurs lui échappaient complètement. La Cour dépendait de l'exécutif, elle informait le chef de l'État seul sur le bon emploi des deniers publics et ses arrêts étaient examinés en cassation par le Conseil d'État.

L'élargissement et l'approfondissement de son contrôle au XIXe siècle

En se rapprochant du pouvoir législatif, la Cour parvient progressivement à élargir et à approfondir son contrôle.

La Cour élargit d'abord son domaine de compétences au-delà des seuls comptes. En particulier, elle s'intéresse aux irrégularités commises par les administrations dans l'usage des fonds. Elle **soumet ainsi les ordonnateurs** – qui échappent théoriquement à son contrôle – **à sa surveillance**. Ainsi, elle signale leurs irrégularités par des « référés » dans sa correspondance avec le ministre concerné. Son rapport annuel, d'abord réservé à l'Empereur, devient public et est adressé au Parlement à partir de 1832. **Elle contrôle aussi l'exécution des lois de finances**. À partir de l'ordonnance du 9 juillet 1826, qui met en place une procédure permettant de comparer les comptes de gestion des agents du Trésor avec les comptes d'exercice des ministres, la Cour adopte la déclaration générale de conformité, transmise au Parlement à l'appui de la loi de règlement des comptes : elle certifie ainsi l'authenticité des comptes des ministres.

Parallèlement, **elle approfondit son contrôle**. En 1807, elle juge les comptables principaux de l'État, des départements et des grandes villes. À partir de la Restauration, l'affirmation des grands principes budgétaires et comptables (notamment la séparation, en 1822, des fonctions d'ordonnateur et de comptable) l'aide dans ce mouvement. Ainsi, le décret du 31 mai 1862 porte le total des comptables principaux concernés par son contrôle à plus de 400 en y ajoutant, par exemple, les comptes des receveurs des douanes ou des comptables de l'Algérie et des colonies. **En 1872, la Cour examine plus de 1 000 comptes** avec l'ajout de ceux des petites et moyennes communes, jugés jusqu'ici en première instance par les conseils de préfecture et seulement en appel par la Cour, et ceux des plus importants établissements publics de bienfaisance et d'assistance. Ce mouvement se heurte cependant à deux obstacles : le ministère des Finances, qui centralise les comptes, les autres ministères, qui cherchent à garder le contrôle sur les pièces justificatives des dépenses et notamment leur énumération.

Par son autorité, la compétence de ses membres, mais aussi parce qu'elle évitait au Gouvernement le contrôle direct du Parlement, la Cour des comptes acquit vite une place essentielle dans le contrôle des finances publiques.

Bibliographie : C. Descheemaeker, *La Cour des comptes*, La Documentation française, collection « les Études », 2005.

Qu'appelle-t-on le modèle classique ?

De la Restauration à la Première Guerre mondiale, les finances publiques obéissent aux règles du modèle classique. Il s'agit **d'éviter que l'intervention financière de l'État vienne brider la liberté individuelle** et constitue ainsi une source d'inefficacité économique.

Cela se traduit par trois principes en matière budgétaire :
- **la neutralité budgétaire** : le budget n'est pas utilisé pour agir sur la conjoncture économique. L'État n'intervient donc pas en matière économique et sociale, ses recettes couvrent ses seules dépenses de fonctionnement et la fiscalité ne joue aucun rôle redistributif ;
- **la limitation des dépenses** : le budget de l'État représente moins du dixième de la richesse nationale, ses dépenses sont essentiellement liées aux besoins des fonctions régaliennes (diplomatie, justice, armée, police, recouvrement de l'impôt) et la pression fiscale est ainsi limitée ;
- **l'équilibre budgétaire** : le déficit est proscrit. Les ressources de l'État sont donc essentiellement fiscales, la monnaie est stable, le secteur public n'existe pas, et les recettes extraordinaires (comme l'emprunt) sont limitées à la couverture de dépenses exceptionnelles (investissements et guerres).

D'autres principes budgétaires apparaissent pour limiter les initiatives financières de l'exécutif : **autorisation** budgétaire donnée par le pouvoir législatif, **annualité** des autorisations, **spécialité** des crédits, **universalité et unité** du budget.

Malgré cela, l'État a pu intervenir, soit pour promouvoir des infrastructures publiques (transports), soit en période de crise, notamment par le biais des droits de douane et de la politique commerciale.

Les finances publiques de la Restauration à la fin du XIXe siècle

Avec la croissance de l'État, et après l'échec financier de la monarchie, la préoccupation des gouvernants au XIXe siècle est de se doter d'un appareil financier performant. Cela passe par l'affirmation, conjointement au parlementarisme, des grands principes du droit budgétaire et comptable et par la mise en place d'institutions efficaces chargées de gérer les finances publiques.

L'affirmation des grands principes du droit budgétaire et comptable

La baron Louis, ministre des Finances de Louis XVIII, impose dès 1814 les « quatre temps alternés » : le gouvernement prépare le budget, le Parlement le vote, les ministères l'exécutent et le Parlement le contrôle. Sur cette procédure viennent alors se greffer les grands principes du droit budgétaire, toujours en vigueur aujourd'hui :

– La règle de l'annualité de l'autorisation budgétaire par le législatif se stabilise en 1822 : les crédits autorisés par le Parlement vivent le temps de l'année budgétaire, accompagnée d'une période complémentaire. Les crédits extraordinaires demeurent cependant possibles.

– Le principe de spécialité des crédits est introduit dans la loi du 25 mars 1817 qui prévoit le vote du budget par ministères et non plus d'un bloc. Les parlementaires cherchent vite à affiner ce niveau de spécialité : une cinquantaine de sections en 1827, les chapitres après 1831 (près de 350 à la fin de la Monarchie de Juillet). Le Second Empire revient aux ministères, puis aux sections, et enfin aux chapitres en 1869. D'administrative, la spécialité devient législative en 1831.

– Le principe d'universalité du budget répond à une attente forte du Parlement et du ministère des Finances de connaître toutes les dépenses et toutes les recettes, et non plus leur contraction. Le montant brut des impôts est ainsi connu à partir de 1818. L'ordonnance de 1822 fixe le rattachement de tous les produits au ministre des Finances.

– Le principe d'unité du budget permet de mettre peu à peu fin à la distinction entre finances ordinaires et extraordinaires. La Monarchie de Juillet recrée cependant des budgets extraordinaires pour les grands investissements, suivie par le Second Empire. La IIIe République achève l'unité, en ne consentant d'exceptions que pour les comptes spéciaux du Trésor et les budgets annexes.

Pour que le budget corresponde à la réalité, le droit comptable s'affirme également. L'ordonnance du 14 septembre 1822 impose la fourniture des pièces justificatives aux comptables et fixe les règles comptables, de l'ouverture des crédits à la reddition des comptes, qui reprennent les principes budgétaires, les déclinent et les complètent (par exemple sur l'engagement, l'ordonnancement, les paiements, les règles d'imputation comptable). Dès lors, le ministère des Finances dispose des moyens lui permettant de suivre l'exécution du budget et de mieux le préparer. Charles-Louis d'Audiffret, successivement ministre puis Premier président de la Cour des comptes, perfectionne ces règles par une série de textes tout au long du XIXe siècle. Le règlement de comptabilité publique de 1862 vivra ainsi cent ans. Il introduit des procédures nouvelles, comme les virements de crédits, et règle les modalités de préparation du budget (introduction du Conseil d'État). Il consolide le rôle central de la direction de la Comptabilité publique qui prépare le budget (la direction du Budget en est séparée en 1919), centralise les budgets particuliers, tient la caisse et les comptes.

La montée en puissance du Parlement et du ministère des Finances

Le rôle du Parlement s'accroît très rapidement. La Charte de 1814 énonçant le principe du consentement de l'impôt, les chambres votent le budget, puis à partir de 1818 en contrôlent l'exécution par la loi de règlement. À partir de 1817, les crédits deviennent limitatifs, et après 1819 même les ouvertures exceptionnelles de crédits par voie réglementaire sont soumises à ratification parlementaire. Le rapport de la Cour des comptes est communiqué au Parlement après 1832. La discussion budgétaire permet la naissance du contrôle parlementaire, les questions et les débats, entourant chaque section ou chapitre, permettant d'aborder les politiques conduites.

Le 13 mai 1814, les ministères des Finances et du Trésor sont réunis. Dès lors, le ministère des Finances, qui s'installe à Rivoli, unifie ses services extérieurs, crée le réseau des comptables publics. Les différents services financiers lui sont progressivement rattachés. La caisse est également unifiée. Les trésoriers-payeurs généraux apparaissent en 1865. Enfin, le ministre peut à partir de 1807 s'appuyer sur la Cour des comptes dont le rôle ne cessera lui aussi de croître. En 1816, la Caisse des dépôts et consignations est créée pour recueillir les fonds d'épargne et permettre le financement de projets par l'État.

Grâce à ce dispositif, de 1814 à 1914, la France surmonte les occupations, les révolutions, les guerres et les crises financières, tandis que l'État peut étendre son rôle et donner confiance. Les fondements des finances publiques se mettent donc en place dans un contexte économique favorable, où l'État recherche une liberté économique protégée et développe progressivement un interventionnisme prudent. Les finances publiques restent alors de taille modeste, se veulent économiquement neutres et respectent le principe d'équilibre budgétaire.

Quels sont les bouleversements provoqués par les deux guerres mondiales et la crise des années 1930 ?

Avec la Première Guerre mondiale, les bases du modèle classique s'effondrent : inflation, instabilité monétaire, explosion des dépenses liées au conflit et de la dette. **La crise de 1929 aggrave cette situation** qui s'exprime par :
- l'augmentation des dépenses : les dépenses de l'État passent de 8 % de la richesse nationale en 1912 à 28 % en 1920 et encore 20 % en 1938 ;
- l'augmentation des ressources, commandée par celle des dépenses, avec la progression de la fiscalité depuis la fin de la guerre ;
- le développement de l'emprunt, notamment pour soutenir les dépenses militaires de la Première Guerre mondiale ;
- l'apparition du déficit : outre le déficit lié au conflit, l'idée fausse selon laquelle les réparations de guerre suffiraient à rétablir l'équilibre budgétaire engendre un déséquilibre qui vient augmenter la dette déjà existante.

Le conflit et la crise révèlent l'attente d'une intervention plus grande de l'État. Devant les tensions sociales, et après l'échec des solutions déflationnistes (baisse massive des dépenses), l'État doit intervenir pour soutenir les secteurs en difficulté, recréer des mécanismes financiers et prendre en charge les problèmes sociaux. Le climat international, à la fin des années 1930, l'oblige aussi à augmenter ses dépenses militaires. La politique budgétaire devient alors un instrument destiné à tempérer les évolutions économiques, ce qui est contraire au principe de neutralité budgétaire.

Cette évolution se poursuit et s'accentue après 1945 avec les nécessités de la reconstruction. Les gouvernements s'engagent dans une politique de soutien économique et social. L'État interventionniste devient aussi providence.

Qu'entend-on par intervention de l'État dans l'économie ?

L'intervention de l'État dans l'économie consiste en **l'utilisation de la politique budgétaire comme instrument de politique économique et sociale.** Au cours des années Trente, l'opinion publique et la classe politique se sont progressivement ralliées à cette conception.

Les théories développées par John Maynard Keynes justifient l'intervention de l'État. Celle-ci passe par les différents canaux des finances publiques :
- **hausse des dépenses publiques** et extension de leurs domaines d'intervention (ex : Sécurité sociale, assurance chômage) ;
- **rôle redistributif et incitatif de la politique fiscale** (ex : impôts progressifs) ;
- **légitimité de l'intervention directe de l'État** dans l'économie, par la détention d'entreprises, la mise en place de monopoles publics et la planification indicative ;
- **conséquences favorables du déficit et de l'emprunt public** sur la croissance économique et le système financier : en période de crise, une hausse des dépenses publiques, même non financée par les ressources courantes, permet de soutenir le pouvoir d'achat des consommateurs et la demande s'adressant aux entreprises.

Après la Seconde Guerre mondiale, l'intervention de l'État dans l'économie augmente sensiblement, notamment pour son financement. Les nationalisations donnent à l'État des moyens nouveaux. Il s'attache dès lors à reconstruire le pays, puis à contrôler le rythme de la croissance économique. Il cherche aussi à résoudre la crise des années 1970 et à développer une couverture sociale. Jusqu'à la crise, cependant, l'État cherche à conserver son équilibre budgétaire.

Quels sont les textes qui ont organisé les finances publiques de l'État depuis 1945 ?

Après 1945, l'extension du rôle financier de l'État rend nécessaire la formalisation de règles de préparation, présentation, discussion et exécution du budget. Les constitutions de 1946 et de 1958 renvoient à une loi organique. Il y en aura trois.

Le décret-loi organique du 19 juin 1956 : premier texte organisant l'ensemble des finances publiques. Il a été pris après consultation des commissions des Finances du Parlement. Il conserve les principes budgétaires classiques (autorisation, annualité, spécialité, unité), mais en simplifie la mise en œuvre. Il améliore l'information du Parlement et renforce les pouvoirs de l'exécutif en matière de préparation et d'exécution du budget.

L'ordonnance organique du 2 janvier 1959 a été préparée par l'exécutif sans consultation du Parlement. Elle s'inscrit dans la continuité du décret de 1956 et tire les conséquences de la limitation de l'initiative financière du Parlement. Elle rationalise les procédures et accentue la prééminence de l'exécutif. Le Conseil constitutionnel l'intégrera au bloc de constitutionnalité, c'est-à-dire aux principes et dispositions que le Parlement doit respecter dans l'exercice de son pouvoir législatif, et la complétera par sa jurisprudence.

La loi organique du 1er août 2001 (LOLF) vient du constat de vieillissement de l'ordonnance de 1959. La LOLF est un texte adopté à la quasi-unanimité sur une proposition de loi parlementaire. Elle réaffirme les principes du droit budgétaire, modifie les règles de présentation, de discussion et d'exécution du budget. Elle augmente l'information et les pouvoirs de contrôle du Parlement, met en place une budgétisation orientée par la performance et intègre les évolutions des finances publiques (Union européenne, finances sociales).

Les finances publiques ont-elles connu des bouleversements depuis la crise des années 1970 ?

Depuis la crise pétrolière, les finances publiques ont connu de profondes transformations :
- **poursuite de la hausse des dépenses publiques** : elles dépassent la moitié de la richesse nationale contre 10 % avant 1914, 25 % en 1938 et 40 % en 1948. Depuis 1974, la France est en déficit budgétaire et sa dette publique a considérablement augmenté pour atteindre 1 413,6 milliards d'euros début 2009 ;
- **cette progression n'est plus le seul fait de l'État** : sa part dans la dépense publique est passée de 75 % en 1948 à environ 40 % aujourd'hui. Les dépenses de protection sociale ont augmenté fortement, comme celles des collectivités territoriales avec la décentralisation ;
- **les prélèvements fiscaux et sociaux ne sont plus centralisés au profit du seul État**, mais répartis entre plusieurs acteurs publics, notamment les caisses de Sécurité sociale.

Dès lors, le cadre d'exécution des finances publiques s'est élargi de l'État à l'ensemble des administrations publiques. La cohérence de la politique des finances publiques en est assurée par les règles de l'Union européenne (le pacte de stabilité et de croissance) et par la mise en place de nouveaux outils comme les lois de financement de la Sécurité sociale.

Parallèlement, le rôle de **l'État** dans l'économie a changé de forme : d'interventionniste, il **est devenu régulateur**.

Depuis les années 2000, **la politique des finances publiques** n'a plus pour objectif de couvrir l'augmentation de l'intervention publique, mais **s'attache à en assurer un meilleur pilotage d'ensemble**.

CHAPITRE 2

LES RESSOURCES ET LES DÉPENSES DE L'ÉTAT

Les ressources de l'État

Que sont les « prélèvements obligatoires » ?

▶▶ On désigne par prélèvements obligatoires **tous les versements effectués par des personnes physiques** (ex : les particuliers) **ou morales** (ex : les entreprises) **aux administrations publiques afin de financer leurs dépenses**.

Au sens de la comptabilité nationale, les administrations publiques regroupent principalement l'État, les collectivités territoriales et leurs groupements, les organismes de Sécurité sociale. Les charges à financer sont donc les dépenses prévues par le budget de l'État, des collectivités et les prestations sociales. Les versements effectués par les contribuables ne sont pas volontaires, c'est-à-dire qu'ils ne choisissent ni le montant, ni les conditions de ces versements.

Les prélèvements obligatoires sont une notion de comptabilité nationale et non juridique, qui repose sur des conventions amenant à exclure certains flux.

▶▶ **Les finances publiques distinguent les différents types de prélèvements obligatoires selon la nature de leur contrepartie** :

– les impôts : prélevés sur l'ensemble des contribuables, ils trouvent leur contrepartie dans les dépenses de l'État ;

– les cotisations sociales : prélevées au profit des organismes de protection sociale, elles ont une contrepartie dans les prestations sociales ;

– les taxes fiscales : perçues sur les particuliers à l'occasion de la fourniture d'un service, sans équivalence absolue entre son montant et son prix (ex : taxe locale d'équipement, taxe funéraire).

Cette classification est indépendante des noms employés. Par exemple, la taxe sur la valeur ajoutée (TVA) est un impôt.

▶▶ Le niveau des prélèvements obligatoires est mesuré par la part qu'ils occupent dans la richesse nationale. Il constitue un indicateur de l'intervention publique, qui ne peut s'interpréter indépendamment des choix politiques d'organisation de la société. Ils s'élevaient en 2007 en France à 43,3 % du produit intérieur brut (PIB), et s'affichent depuis lors à la baisse, atteignant 42,8 % en 2008.

▶▶ La notion de prélèvements obligatoires est aujourd'hui contestée à cause de la complexité des flux financiers au profit des administrations publiques, et à cause de la croissance de l'emprunt, assimilé selon certains à un prélèvement différé.

Les prélèvements obligatoires : France et pays occidentaux

Prélèvements obligatoires et évolution des taux

La notion de prélèvements obligatoires fut à l'origine définie par l'Organisation de coopération et de développement économiques (OCDE) comme recouvrant l'ensemble des « versements effectifs opérés par tous les agents économiques au secteur des administrations publiques (élargi en Europe aux institutions de l'Union européenne), tel qu'il est défini en comptabilité nationale, dès lors que ces versements résultent, non d'une décision de l'agent économique qui les acquitte, mais d'un processus collectif de décisions relatives aux modalités et au montant des débours à effectuer, et que ces versements sont sans contrepartie directe ».

En pratique, les prélèvements obligatoires recouvrent en France, d'une part, les **impôts (incluant les taxes)**, d'autre part, certaines **cotisations sociales** : les cotisations sociales « effectives » (réellement versées) obligatoires reçues par les administrations publiques. Les cotisations sociales volontaires, comme les cotisations sociales, même obligatoires, versées à d'autres organismes que des administrations publiques, ne sont pas des prélèvements obligatoires.

Les cotisations sociales sont des prélèvements effectués sur les salaires affectés aux dépenses de Sécurité sociale. En revanche, les impôts directs et indirects sont prélevés sur des bases très diverses (revenus, patrimoine, biens et services, société…) et leur produit n'est en principe pas affecté à une dépense prédéterminée.

Les prélèvements obligatoires ainsi définis représentaient 818,9 milliards d'euros en 2007, dont 514,2 milliards d'euros d'impôts et 304,7 milliards d'euros de cotisations sociales. Ils sont estimés à 845,7 milliards d'euros pour 2008 et à 873,2 milliards d'euros pour 2009.Le **taux de prélèvements obligatoires**, qui correspond au rapport prélèvements obligatoires/produit intérieur brut (PIB), s'élevait en 2008 à 42,8 %, soit un taux inférieur au maximum historique de 44,9 %, atteint en 1999.

Au-delà des fluctuations conjoncturelles, le taux de prélèvements obligatoires a eu tendance, au cours des années 1970-2000, à augmenter (de 35 % en 1970 à 42 % en 1980, puis 43 % en 1990 et 44,9 % en 1999). Il convient toutefois de signaler qu'à la suite d'une réforme de la comptabilité nationale, le taux de prélèvements obligatoires, calculé à partir de 1990, a été réduit d'environ 1 point.

Cette augmentation globale du taux des prélèvements obligatoires résulte :

– de la hausse des prélèvements obligatoires destinés aux administrations de Sécurité sociale, passés de 13,1 % du PIB en 1970 à 21,4 % en l'an 2000 ;

– dans une moindre mesure, de l'augmentation des prélèvements obligatoires destinés aux collectivités territoriales, passés de 3,4 % du PIB en 1970 à 5,2 % du PIB en l'an 2000 ;

– la part dans le PIB des prélèvements obligatoires destinés à l'État, aux administrations centrales et à l'Union européenne restant stable (18,6 % en 1970 ; 18,5 % en l'an 2000).

Des comparaisons internationales difficiles

Le taux de prélèvements obligatoires (TPO) apparaît relativement élevé en France par rapport aux autres grands pays développés. En 2006, le TPO calculé par l'OCDE, selon des modalités légèrement différentes de celles de l'INSEE, s'élevait ainsi à 44,2 % en France (43,6 % en 2007), contre 37,1 % au Royaume-Uni, 35,6 % en Allemagne, 28 % aux États-Unis, 27,9 % au Japon et 35,9 % en moyenne dans l'OCDE. La baisse du TPO est ainsi devenue un objectif emblématique de la baisse des impôts.

Cependant, **le taux de prélèvements obligatoires est une construction statistique dont la pertinence ne doit pas être surestimée**. Ainsi, le TPO n'est pas un bon indicateur du « poids » de l'État. Ainsi, la définition des prélèvements obligatoires englobe aussi les impôts et les cotisations sociales que les administrations publiques se versent entre elles. On dit alors que les prélèvements obligatoires ne sont pas « consolidés », les prélèvements obligatoires « consolidés » recouvrant seulement ceux versés par les agents du secteur privé.

Plus généralement, la signification des comparaisons internationales de TPO est limitée. En effet, ce taux apparaît plus faible dans les pays, comme les États-Unis, où l'assurance maladie et les régimes de retraite sont très largement privés. Les cotisations sont alors versées à des mutuelles, des assurances ou des fonds de retraite privés et ne constituent pas des prélèvements obligatoires.

L'évolution du TPO d'une année sur l'autre doit être également interprétée avec précaution. Ainsi, ce taux diminue, toutes choses égales par ailleurs, si la Sécurité sociale baisse les cotisations sociales obligatoires et cesse de rembourser certains médicaments qui sont ensuite pris en charge par les ménages ou par des mutuelles dont le coût augmente en proportion. De même, à déficit public constant, une nouvelle subvention à la recherche tend à accroître les prélèvements obligatoires, alors que cela n'est pas le cas d'une nouvelle exonération d'impôt en faveur de la recherche.

Enfin, le montant des prélèvements obligatoires est étroitement lié à la conjoncture économique. D'une part, les recettes fiscales ont tendance à augmenter en période de forte croissance et à diminuer lorsque l'activité se ralentit. D'autre part, le TPO dépend de l'évolution du PIB exprimée en euros courants : il est donc sensible à la croissance économique et à l'inflation.

Ainsi, il est sans doute **plus instructif de s'intéresser à la structure des prélèvements obligatoires, par laquelle la France se singularise**. En effet, la France est l'un des pays industrialisés où la part des cotisations sociales dans le PIB est la plus élevée (16,3 % en 2006 selon les chiffres établis par l'OCDE, qui diffèrent légèrement de ceux calculés par l'INSEE, contre 13,7 % pour l'Allemagne, 6,9 % pour le Royaume-Uni et 6,7 % pour les États-Unis), tandis que la part des impôts sur le revenu et les bénéfices y est relativement faible (10,7 % du PIB en 2006 contre 10,8 % en Allemagne, 19,4 % en Suède et 29,5 % au Danemark). Cette structure n'est pas sans conséquences. D'une part, le travail est relativement taxé en France. D'autre part, la progressivité des prélèvements obligatoires payés par les ménages, c'est-à-dire le fait que ces prélèvements croissent plus que proportionnellement aux revenus, repose pour l'essentiel sur une base étroite : l'impôt sur le revenu, dont le taux marginal est ainsi relativement élevé.

Qu'est-ce qu'un impôt ?

L'INSEE le définit comme le versement obligatoire et sans contrepartie aux administrations publiques et aux institutions européennes. Il sert principalement à financer les dépenses publiques, et constitue également un moyen de régulation de l'activité économique. Les impôts se distinguent notamment de l'emprunt, mais aussi des cotisations sociales – car celles-ci ouvrent droit à une prestation –, des versements obligatoires à des agents économiques autres que des administrations publiques (ex : l'assurance automobile), et enfin des versements, obligatoires ou non, effectués au profit d'administrations publiques en contrepartie de services dont le prix n'est pas hors de proportion avec leur coût (ex : le timbre fiscal acquitté pour l'établissement d'un passeport).

Par ailleurs, les impôts répondent à quatre principes :
- le principe de légalité, défini dans l'article 34 de la Constitution, précisant que les règles concernant l'assiette, le « taux », et les modalités de recouvrement des « impositions de toutes natures » sont fixées par la loi, donc par le Parlement ;
- le principe d'annualité, selon lequel le Parlement doit donner chaque année au gouvernement l'autorisation de percevoir l'impôt ;
- le principe d'égalité : selon l'article 13 de la Déclaration des droits de l'Homme de 1789, « la contribution commune doit être également répartie entre tous les citoyens en raison de leurs facultés » ;
- le principe de nécessité.

Enfin, plusieurs distinctions peuvent être établies pour les impôts : entre impôts directs – payés directement par les contribuables – et indirects comme la taxe sur la valeur ajoutée, impôts nationaux et locaux, proportionnels (même taux d'imposition pour tous les contribuables) et progressifs (le taux s'accroît avec le montant imposable) ou dégressifs.

Qu'est-ce que le principe d'égalité fiscale ?

L'égalité fiscale recouvre une dimension politique et juridique.

▶▶ Le principe d'égalité fiscale est d'abord entendu comme **l'égalité des contribuables devant l'impôt.** En ce sens, il découle de l'article 13 de la Déclaration des droits de l'homme et du citoyen (DDHC). Celui-ci établit que la « contribution commune (...) doit être également répartie entre tous les citoyens, en raison de leurs facultés ». C'est l'idée d'une justice fiscale. Afin d'assurer une répartition plus juste de la charge fiscale et de favoriser une égalité de sacrifices financiers, le législateur est donc autorisé à opérer des différences de traitement (ex : payer 20 % de son revenu est un effort plus important pour les moins aisés).

En 1973, le Conseil constitutionnel a reconnu au **principe d'égalité devant l'impôt une valeur constitutionnelle**. Il exerce un contrôle très attentif, mais sur chaque impôt séparément des autres. Il ne considère pas que l'égalité devant les charges publiques s'entende comme l'égalité devant le système fiscal, c'est-à-dire devant l'ensemble des prélèvements obligatoires supportés par chacun.

▶▶ Le principe d'égalité fiscale consiste également en **l'égalité des contribuables devant la loi fiscale**. Il découle des articles 1 et 6 de la DDHC qui proclament respectivement l'égalité des hommes et l'égalité devant la loi. Un même régime fiscal doit alors s'appliquer à tous les contribuables placés dans la même situation.

▶▶ Posée en réaction aux privilèges fiscaux de l'Ancien Régime, l'égalité fiscale est aujourd'hui surtout invoquée dans le débat politique contre des exonérations fiscales ciblées, assimilées à des privilèges. Elle est souvent rapprochée des principes de proportionnalité et de progressivité de l'impôt.

Qu'entend-on par proportionnalité et progressivité de l'impôt ?

La proportionnalité et la progressivité sont deux modes de calcul du taux des impôts. Ils participent au débat sur la finalité et la justice du système fiscal.

▶▶ Un **impôt proportionnel applique un taux de prélèvement identique quelle que soit la base d'imposition** (ex : l'impôt sur les sociétés). La base d'imposition, ou assiette, désigne les grandeurs économiques (revenus, patrimoine, chiffre d'affaires…) servant de base au calcul de l'impôt. Les partisans de la proportionnalité considèrent que c'est un mode de calcul juste, car chacun contribue dans la même proportion de son revenu. Ils pensent également qu'elle favorise la neutralité fiscale. Les impôts proportionnels sont, par ailleurs, généralement plus simples à établir et, dès lors, moins coûteux à recouvrer.

▶▶ Avec **l'impôt progressif, le taux d'imposition augmente avec la base d'imposition** (ex : l'impôt sur le revenu). Plus le revenu est élevé, plus la proportion acquittée sous forme d'impôt est grande. D'autres éléments que le taux permettent d'introduire de la progressivité : minimum de perception, seuils. L'impôt progressif est considéré comme juste dans la mesure où il permet une redistribution des richesses et une réduction des inégalités. Inversement, une progressivité forte est perçue, selon certains, comme un élément décourageant le travail supplémentaire ou l'investissement.

Le Conseil constitutionnel a reconnu en 1993 la valeur constitutionnelle du principe de progressivité pour l'impôt sur le revenu. Il l'a relié aux principes d'égalité devant l'impôt et d'imposition à raison des facultés contributives, énoncés dans la Déclaration des droits de l'homme et du citoyen de 1789.

Qui décide des impôts ?

▶▶ **La création ou la modification d'un impôt sont toujours décidées par le Parlement**. En effet, «la loi fixe les règles concernant (...) l'assiette, le taux et les modalités de recouvrement des impositions de toutes natures» (art. 34 de la Constitution). Le pouvoir d'imposer est une compétence exclusive de l'autorité souveraine dans l'État. Si le gouvernement peut souhaiter la création d'un impôt, c'est le législateur, représentant le peuple souverain, qui vote et décide des impôts. Le Conseil constitutionnel a donc toujours censuré les dispositions législatives renvoyant à un décret d'application, pris par l'exécutif, la définition de l'une des caractéristiques de l'impôt.

▶▶ **La perception des impositions existantes**, ainsi que leur affectation à des personnes morales autres que l'État (ex : collectivités territoriales et organismes de Sécurité sociale), **est autorisée chaque année par la loi de finances initiale votée par le Parlement**.

Cependant, il est interdit aux parlementaires de proposer une diminution des ressources publiques (art. 40 de la Constitution). La réduction de l'assiette ou du taux d'un impôt, sans compensation, ne peut donc être votée que sur l'initiative du gouvernement.

▶▶ En vertu du principe de libre administration (art. 72 de la Constitution) et d'autonomie fiscale (article 72-2), **les collectivités territoriales peuvent fixer le taux des quatre taxes directes** (taxe professionnelle, taxe d'habitation et taxes foncières) qu'elles perçoivent, dans le cadre des règles fixées par la loi. Elles peuvent ainsi faire varier leurs recettes en fonction de leur besoin de financement. Mais, cette liberté est encadrée, notamment par des «règles de liaison des taux», afin que la charge fiscale soit répartie équitablement entre les contribuables.

Qui paie des impôts en France ?

Tout le monde, c'est-à-dire tous les agents économiques, paient des impôts en France. Il s'agit des personnes physiques ou morales (ex : les entreprises) qui participent à l'activité économique.

Les agents économiques payant des impôts sont appelés des redevables, tandis que les contribuables sont ceux qui supportent effectivement la charge de l'impôt. Ainsi pour la taxe sur la valeur ajoutée (TVA), le redevable est l'entreprise versant le montant de la TVA au Trésor public, le contribuable étant le consommateur qui achète les produits ou services de cette entreprise à un prix incluant le montant de la TVA.

Ainsi, les ménages paient :
– tous, des **impôts sur leur consommation** : TVA, taxe intérieure sur les produits pétroliers, droits sur les tabacs et les alcools, etc. ;
– pour la plupart, des **impôts sur leurs revenus** : pour l'essentiel sous la forme de la contribution sociale généralisée prélevée au profit de la Sécurité sociale et de l'impôt sur le revenu proprement dit ;
– enfin, pour certains, **des impôts sur leur patrimoine** : comme l'impôt de solidarité sur la fortune ou les taxes foncières prélevées par les collectivités territoriales.

Les entreprises paient :
– des **impôts sur leurs « revenus »** : pour l'essentiel, l'impôt sur les sociétés ;
– **sur leur patrimoine** : taxes foncières quand elles sont propriétaires ;
– ainsi que **sur leur production**, comme la taxe professionnelle, principalement assise sur la valeur de leurs moyens de production.

Enfin, les **administrations publiques** paient, elles aussi, des impôts. Par exemple, les hôpitaux publics, qui sont des administrations de Sécurité sociale, sont les principaux contributeurs de la taxe sur les salaires prélevée par l'État sur des secteurs d'activité qui ne sont pas assujettis à la TVA.

Quels sont les différents impôts perçus par l'État ?

2008

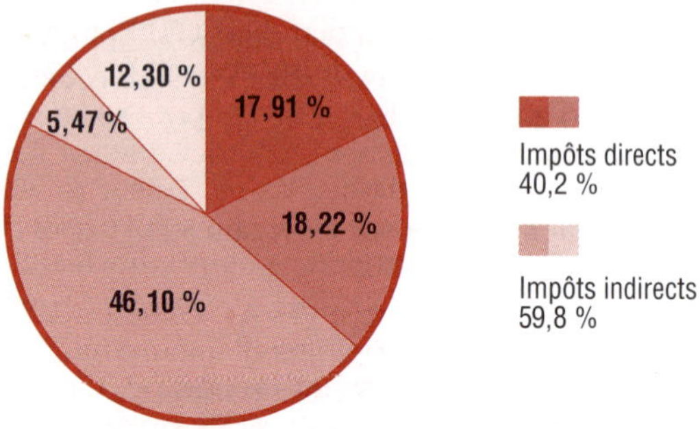

1983

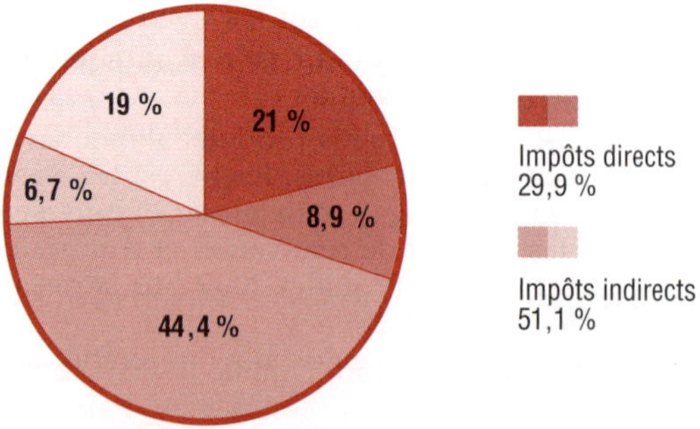

Légende :

- Impôt sur le revenu
- Impôt sur les sociétés
- TVA
- TIPP
- Autres ressources fiscales directes et indirectes

En 2008, les recettes fiscales nettes, c'est-à-dire après les dégrèvements et remboursements d'impôts, du budget général de l'État, se sont élevées à 259,9 milliards d'euros. En brut, elles représentaient 352,1 milliards d'euros et se répartissaient comme suit :

Impôts indirects (59,8 %), dont :
- la taxe sur la valeur ajoutée (TVA) (50,6 %);
- taxe intérieure sur les produits pétroliers (TIPP) (4,5 %);
- autres : notamment les droits de succession (4,7 %).

Impôts directs (40,2 %), dont :
- impôt sur le revenu (16,8 %);
- impôt sur les sociétés (17,8 %);
- autres : notamment la taxe sur les salaires et l'impôt de solidarité sur la fortune (5,6 %).

▶▶ **La taxe sur la valeur ajoutée (TVA),** créée en 1954, est une invention française s'appliquant aujourd'hui dans près de trente pays, principalement en Europe. C'est un impôt indirect proportionnel, calculé sur le prix de vente hors taxes de tous les biens et services. Les exportations sont exonérées de la TVA française mais subissent la TVA du pays de destination. La banque, les activités médicales ou le secteur associatif sont exonérés de TVA mais sont soumis, en contrepartie, à la taxe sur les salaires.

Le taux normal de la TVA est de 19,6 % depuis avril 2000, mais il existe des taux réduits :
- à 5,5 %, notamment sur certains produits alimentaires, les transports, les cantines scolaires, les livres, les abonnements d'électricité et de gaz mais aussi, depuis septembre 1999, sur les travaux de rénovation et d'entretien des logements et, depuis le 1er juillet 2009, sur la restauration en métropole;
- à 2,1 % notamment sur les médicaments remboursés et la presse.

Des taux réduits particuliers s'appliquent dans les départements d'outre-mer (ex : depuis le 1er juillet 2009, avec un taux de TVA sur la restauration à 2,1%) et en Corse.

La TVA est un impôt indirect supporté par les consommateurs mais versé par les entreprises à l'État, déduction faite de la TVA qu'elles ont antérieurement payée lors de l'achat du produit ou des matières premières nécessaires à leur production. Il est souvent considéré comme un impôt injuste, car supporté de la même manière par les consommateurs quel que soit leur revenu. Son rendement est important : au total, les recettes de TVA se sont élevées en 2008 à 178,1 milliards d'euros bruts et à 131,7 milliards d'euros nets, **soit 50,6 % des recettes fiscales brutes de l'État**. Elles sont évaluées à 187,1 milliards d'euros bruts pour 2009.

➽ **L'impôt sur le revenu** est apparu en France avec les lois de 1914 et 1917. C'est un **impôt direct** calculé au niveau du foyer fiscal (ex : un célibataire ou un couple et ses enfants à charge). Il est **progressif**, c'est-à-dire que son taux augmente avec la valeur imposable; il est prélevé par l'État, et porte sur les salaires et l'ensemble des revenus des personnes physiques composant ce foyer (ex : revenus financiers, loyers…).

Les redevables de l'impôt sur le revenu sont les personnes ayant leur foyer fiscal en France, ou ceux domiciliés fiscalement à l'étranger mais touchant des revenus de source française. Le calcul de l'impôt s'effectue en fonction de la situation et des charges de famille du contribuable et d'un barème fortement progressif fixé par tranches de revenus. Les taux de l'impôt applicables aux revenus 2008 s'étagent entre 0 % et 40 %. Les centres des impôts calculent l'impôt et les trésoreries assurent son encaissement.

L'impôt sur le revenu ne représente qu'une **part faible des ressources du budget de l'État.** Compte tenu des multiples exonérations, abattements ou crédits d'impôts, le produit de l'impôt sur le revenu ne s'élevait qu'à 59,2 milliards d'euros bruts et 51,2 milliards d'euros nets en 2008, soit **16,8 % des recettes fiscales brutes** de l'État. Il est évalué à 59,7 milliards d'euros bruts pour 2009. En 2007, le produit de l'impôt sur le revenu était donc inférieur aux 80,5 milliards d'euros rapportés par la contribution sociale généralisée (CSG), créée en 1991 au profit de la Sécurité sociale et qui taxe l'ensemble des revenus à des taux variables (ex : 7,5 % pour les revenus d'activités et assimilés, 6,2% ou 6,6% pour les revenus de remplacement et 8,2 % pour les revenus du patrimoine et de placement). Par ailleurs, il n'est **acquitté que par une courte majorité des contribuables** (52 % en 1999), ce qui est atypique au sein des pays de l'OCDE où une large majorité des contribuables acquitte un impôt sur le revenu.

Enfin, l'impôt sur le revenu suscite des critiques portant notamment sur sa complexité, son caractère insuffisamment ou excessivement redistributif.

L'impôt sur les sociétés est un impôt direct proportionnel sur le bénéfice des entreprises. Le taux de base est de 33,33 % pour les entreprises au chiffre d'affaire annuel hors taxes supérieur ou égal à 7 630 000 €. Il existe toutefois des taux réduits, notamment pour une fraction des bénéfices des petites et moyennes entreprises (15 %). Le produit de l'impôt sur les sociétés, qui fluctue dans des proportions importantes en fonction de la conjoncture, a atteint 62,6 milliards d'euros bruts et 52,1 milliards d'euros nets en 2008, soit **17,8 % des recettes fiscales brutes** de l'État. Il est estimé à 63,1 milliards d'euros bruts pour 2009.

La taxe intérieure sur les produits pétroliers (TIPP) est un impôt indirect. Elle frappe les différents produits pétroliers (fioul, essence, etc.), proportionnellement à leur volume ou à leur poids, au moment de leur mise en circulation. Son produit s'est élevé à 16,1 milliards d'euros bruts et à 15,6 milliards d'euros nets en 2008, soit 4,5 % **des recettes fiscales brutes** de l'État. Elle est évaluée à 15,6 milliards d'euros bruts pour 2009. À elle seule, la TIPP, dont le taux dépend des produits concernés, constitue la majeure partie, les deux tiers environ, du coût du carburant à la pompe. Les carburants supportent également la TVA, qui est, elle, proportionnelle à leur prix de vente TIPP incluse. Une partie du produit de la TIPP a été transférée, au 1er janvier 2005, aux régions et départements, afin de compenser les transferts de compétence opérés dans le cadre de la relance de la décentralisation de 2003.

Les autres ressources fiscales comportent des impôts directs et indirects.

Parmi les autres impôts directs figurent notamment l'impôt de solidarité sur la fortune, ainsi que la taxe sur les salaires acquittée par certaines activités (banque, hôpitaux, secteur associatif) exonérées de TVA. Ils ont rapporté à l'État 19,6 milliards d'euros bruts en 2008, soit **5,6% des recettes fiscales brutes** de l'État.

Les autres impôts indirects sont composés pour l'essentiel de l'impôt de bourse, des droits de timbre et des droits d'enregistrement (en particulier les droits de succession, les droits de donation et les droits de mutation à titre onéreux). Leur ensemble représentait 16,5 milliards d'euros bruts en 2008, soit **4,7 % des recettes fiscales brutes** de l'État.

Quelle est la différence entre impôts directs et impôts indirects ?

▸▸ **Les impôts directs**, comme l'impôt sur le revenu ou la taxe d'habitation, **sont payés et supportés par la même personne**. Le «redevable», celui qui verse le montant de l'impôt, est alors également le contribuable, c'est-à-dire celui qui supporte effectivement l'impôt. L'administration fiscale peut établir la liste des contribuables dans un «rôle».

En revanche, avec les **impôts indirects,** comme la taxe sur la valeur ajoutée (TVA), les droits de douane ou les taxes sur les carburants, **le redevable est distinct du contribuable**. Les impôts indirects sont versés par les entreprises ou les personnes redevables, mais répercutés sur le prix de vente d'un produit; ils sont donc supportés par une autre personne, le contribuable. Ainsi, la TVA est versée par les entreprises redevables, mais entièrement payée par les consommateurs finaux, les contribuables, inconnus de l'administration fiscale.

La distinction entre impôts directs et indirects n'est pas aussi nette qu'il y paraît. Ainsi, l'impôt sur les bénéfices des sociétés, considéré comme un impôt direct, est pour partie répercuté sur les prix de vente des entreprises.

▸▸ **Les impôts directs sont généralement considérés comme plus équitables**, car ils tiennent compte de la situation personnelle des contribuables. **Les impôts indirects**, plus faciles à collecter car le nombre de redevables est moindre, **constituent plus de la moitié des recettes fiscales** de l'État en France (près de 60 % des recettes fiscales brutes en 2008). Ils sont moins sensibles à la conjoncture et relativement «indolores» pour les citoyens-contribuables qui n'ont pas conscience d'acquitter des impôts en faisant leurs achats. De ce fait, les gouvernements préfèrent souvent accroître les impôts indirects mais baisser les impôts directs.

Qu'est-ce que le prélèvement à la source ?

▸▸ **Le prélèvement, ou retenue, à la source est un mode de recouvrement de l'impôt**, consistant à faire prélever son montant par un tiers payeur, le plus souvent l'employeur ou le banquier, au moment du versement au contribuable des revenus sur lesquels porte l'impôt. En

France, près de la moitié des prélèvements obligatoires, principalement les cotisations sociales et la contribution sociale généralisée, sont aujourd'hui prélevés à la source.

▶▶ **Le débat porte aujourd'hui sur le prélèvement à la source de l'impôt sur le revenu (IR) car la France est le seul pays développé à ne pas le faire.** Ce dispositif pourrait pourtant présenter des avantages pour l'administration fiscale, comme pour les contribuables. En effet, il s'agit d'un mode de recouvrement relativement simple et « indolore » pour le contribuable, favorisant l'acceptabilité de l'impôt. En outre, il permet de relier plus étroitement les variations de l'impôt à celles du revenu, alors que l'IR est aujourd'hui payé avec un décalage d'un an, car il porte sur les revenus perçus l'année précédant leur déclaration.

Le prélèvement à la source de l'IR représenterait toutefois une charge pour les tiers payeurs et soulèverait des problèmes de confidentialité, car ils devraient connaître la situation particulière et familiale du contribuable pour calculer l'impôt dû.

▶▶ **Le passage au prélèvement à la source pour l'IR poserait également deux problèmes :**
- comment organiser la transition la première année ? Les contribuables devraient *a priori* aussi payer l'impôt dû au titre de l'année précédente, à moins que l'État « n'abandonne » une année d'imposition ;
- comment reclasser les personnels de l'administration fiscale concernés ?

Quelles sont les ressources non fiscales de l'État ?

En plus des impôts, l'État dispose de ressources non fiscales. Elles occupent une place secondaire dans le budget de l'État, 27,9 milliards d'euros pour 2008, soit 12,6 % de ses recettes budgétaires nettes, fond de concours compris. Il s'agit principalement :

▶▶ Des **revenus du patrimoine** de l'État :
- prélèvements versés par des organismes publics (ex : Banque de France, Caisse des dépôts et consignations) ;
- dividendes versés par des entreprises dont l'État est actionnaire ;
- revenus du domaine de l'État ;
- résultat d'opérations de trésorerie, etc.

Les déterminants des ressources de l'État

En 2009, les recettes fiscales brutes du budget de l'État devraient s'élever à 365,76 milliards d'euros, selon la loi de finances initiale. La détermination du montant des recettes est un acte difficile, qui s'effectue généralement à la fin de la préparation du projet de loi de finances, début septembre. La prévision des recettes dépend de la nature de celles-ci. Les recettes non fiscales de l'État sont stables pour certaines (revenus du domaine), extrêmement variables pour d'autres (revenus tirés des cessions d'actifs). Les recettes peuvent également s'imposer à l'État (fonds européens), dépendre de ses choix politiques (politique de privatisations), et sont parfois quasi-discrétionnaires (dividendes sur les entreprises publiques comme la Coface).

L'essentiel de la prévision porte cependant sur les recettes fiscales, qui représentent environ 90 % des recettes brutes de l'État. Elle dépend principalement du contexte macroéconomique, mais aussi de facteurs techniques et, enfin, des choix de politique fiscale.

Les effets macroéconomiques

La sensibilité des recettes à la croissance économique dépend des impôts :
– les impôts directs sont généralement assis sur les revenus de l'année en cours. Ils sont donc plus faciles à prévoir et réagissent avec retard aux évolutions macroéconomiques ;
– les impôts indirects sont en revanche extrêmement sensibles à la conjoncture : la taxe sur la valeur ajoutée (TVA) ou la taxe intérieure sur les produits pétroliers (TIPP) sont ainsi des indicateurs très précis de l'État de la consommation.

La principale variable est alors le calcul du taux d'élasticité des recettes fiscales à la croissance : très faible, voire négatif, en cas de situation défavorable, ce taux peut s'élever rapidement en cas de reprise de la croissance. À long terme, cette élasticité doit tendre vers 1, l'évolution des assiettes fiscales ne devant pas, à législation inchangée, s'écarter de celle de la richesse nationale. Le projet de loi de finances pour 2009 prévoit une élasticité de 0,8, très inférieure à celles constatée en 2007 (1,3) ou attendue pour 2008 (1,5).

Cette prévision des recettes est rendue d'autant plus délicate que **les indications macroéconomiques** données par la Comptabilité nationale **ne coïncident pas toujours précisément avec les réalités fiscales**. Ainsi, les différents types de revenus qui constituent l'assiette de l'impôt sur le revenu ne sont pas tous liés à la conjoncture économique et peuvent, par exemple, résulter de décisions personnelles. L'impôt sur les sociétés dépend, quant à lui, des bénéfices fiscaux, mais est approché par l'excédent brut d'exploitation. Enfin, la consommation est un indicateur trop grossier pour avoir une estimation fine des recettes de TVA. Il faut donc étudier avec soin le lien entre les assiettes fiscales et les agrégats macroéconomiques, examiner les recouvrements déjà constatés pour l'année en cours, mais aussi ajouter au contexte macroéconomique les effets de structure liés aux différents impôts.

Les effets de structure

Par ailleurs, la structure des impôts, les techniques fiscales, ainsi que le contenu de la croissance, déterminent de manière importante les prévisions de recettes attendues :
– l'impôt sur les sociétés varie dans des proportions fortes en fonction des anticipations des entreprises, de la gestion de leur trésorerie, de leurs résultats et des décalages temporels liés aux mécanismes fiscaux proprement dits (systèmes des acomptes et du solde) ;
– la TVA dépend du partage entre consommation finale et investissement, entre la consommation intérieure et extérieure ou du poids dans la consommation des ménages des produits plus ou moins taxés ;

– l'impôt sur le revenu varie selon la structure des revenus, en augmentant plus vite que ceux-ci par le biais de la progressivité du barème ;
– la TIPP est sensible à la conjoncture qui pèse sur les déplacements, mais aussi à la structure du parc automobile (diesel/essence ; automobiles consommant plus ou moins de carburant) et aux modes de vie (santé du secteur des transports ; place des loisirs dans la société).

L'effet des politiques fiscales

Les conséquences financières de la politique fiscale sont mesurées en deux temps :
– d'abord, le ministère des Finances établit quelle serait l'évolution spontanée des recettes fiscales à législation inchangée ;
– puis, il mesure le coût ou le gain des mesures fiscales envisagées.

Ces mesures fiscales peuvent consister dans des changements d'assiette (exonération de tel ou tel revenu), de taux ou de barème (indexation du barème de l'impôt sur le revenu) ou de modes de perception (une accélération aura un effet positif la première année, négatif la seconde par exemple). Le coût de mesures fiscales est indiqué en annexe au projet de loi de finances dans le fascicule « *Voies et moyens* ». Avec la LOLF, il est également indiqué en regard de chaque programme.

Des revenus des activités industrielles et commerciales de l'État, et des rémunérations pour services rendus. Ainsi, l'État conserve plus de 3 milliards d'euros du produit des impôts locaux au titre des frais de recouvrement de ces impôts.

Des **retenues pour pensions** sur les traitements des agents publics et de contributions de divers organismes aux pensions versées par l'État à leurs anciens fonctionnaires.

De **ressources diverses** comme :
– le produit des jeux : prélèvement sur La française des jeux, les casinos et le PMU (plus de 3 milliards d'euros en 2005) ;
– le produit des amendes et des condamnations pécuniaires (1,4 milliard d'euros en 2005, dont la moitié pour les amendes de la circulation) ;
– les dons et legs, etc.

Enfin, des « fonds de concours » versés à l'État par d'autres personnes morales ou physiques, notamment les collectivités territoriales, pour concourir à la réalisation de dépenses d'intérêt public (ex : la construction d'une université).

Les ressources non fiscales de l'État peuvent fluctuer dans des proportions importantes. D'un côté, les dividendes versés par les entreprises publiques dépendent de la conjoncture. De l'autre, l'État est souvent tenté d'accroître les prélèvements sur divers organismes publics pour « boucler » son budget.

Le rôle des institutions communautaires en matière fiscale

Si le pouvoir fiscal reste le cœur des attributions du Parlement, la construction européenne est venue instaurer un nouveau partage des rôles : la législation fiscale devient ainsi de plus en plus encadrée par l'Union européenne (UE), même si le consentement de l'impôt demeure un monopole national, comme le montre l'absence d'impôt européen.

La fiscalité reste de la compétence des États

Symbole de la souveraineté, la fiscalité reste largement de la compétence des États membres. L'unanimité est la règle, ce qui a rendu très difficile l'adoption de mesures dans ce domaine, chaque État disposant d'un droit de veto.

L'harmonisation fiscale est pourtant jugée nécessaire en raison de la mise en place d'un marché intérieur unifié et de l'Union économique et monétaire (UEM). En effet, les disparités entre États membres peuvent engendrer le développement d'une « concurrence fiscale » dommageable entre les pays. C'est pourquoi l'UE a cherché à progresser sur la voie de l'harmonisation.

Malgré cette nécessité, les différents débats institutionnels ont toujours débouché sur le maintien de l'unanimité. Ainsi, l'extension de la majorité qualifiée à la fiscalité indirecte a fait l'objet d'un débat important à la Convention sur l'avenir de l'Europe préparant le projet de Constitution européenne, qui s'est soldé par le *statu quo* en raison de l'opposition – renouvelée lors de la conférence intergouvernementale (CIG) – de certains États membres (Royaume-Uni, Suède, Irlande notamment). Même un compromis sous forme de clause passerelle spécifique permettant au Conseil de décider, à l'unanimité, de statuer désormais à la majorité qualifiée lorsque les mesures proposées concernent la coopération administrative ou la lutte contre la fraude fiscale et l'évasion illégale, n'a pu aboutir.

Les harmonisations les plus importantes concernent la fiscalité indirecte

Les États membres de l'Union peuvent néanmoins décider d'intervenir en matière fiscale pour éliminer les obstacles à la concurrence entre les États. Les traités visent précisément le cas de la fiscalité indirecte, en matière de taxe sur la valeur ajoutée (TVA) et de droits d'accises, et font référence à l'ensemble de la fiscalité en tant qu'elle est susceptible d'introduire une distorsion sur les marchés.

L'Union encadre donc les politiques fiscales nationales en se fixant quatre objectifs :
- s'assurer qu'elles ne faussent pas la concurrence ;
- prévenir l'évasion fiscale et éviter la double imposition ;
- éviter les effets de la concurrence fiscale, notamment sur les facteurs de production les plus mobiles ;
- assurer la contribution des recettes fiscales à l'équilibre budgétaire par le biais de l'encadrement des politiques budgétaires nationales avec le pacte de stabilité et de croissance.

Les principaux progrès concernent l'harmonisation de la fiscalité indirecte dont les disparités sont potentiellement les plus préjudiciables au marché intérieur, et pour laquelle le traité instituant la Communauté européenne (art. 93 TCE) permet d'intervenir :
– TVA : une assiette commune de la TVA a été définie en 1977, puis un régime transitoire de TVA en 1992 prévoyant un premier rapprochement des taux, avec un taux normal d'au moins 15 % et un taux réduit d'un minimum de 5 %, et le maintien transitoire de taux zéro et super réduits existants ;
– droits d'accises (alcool, tabacs, huiles minérales) : régime général relatif à la détention, à la circulation et au contrôle des produits soumis à accises créé en 1992 ;
– fiscalité énergétique : les États membres ont décidé en 2003 d'harmoniser la fiscalité des produits énergétiques.

En revanche, les réticences restent vives sur la fiscalité directe et les modes d'intervention limités faute de base spécifique dans les traités :
– création en 1990 d'un régime fiscal commun applicable aux sociétés mères et à leurs filiales, ainsi qu'un régime fiscal commun applicable aux fusions, scissions et apports d'actifs ;
– adoption en juin 2003 du « paquet fiscal » proposé par la Commission européenne en 1997, comprenant un code de conduite en matière de fiscalité des entreprises, la directive « intérêts et redevances » et la directive sur la fiscalité des revenus de l'épargne.

Parallèlement, la Commission a cherché à prendre des initiatives, notamment sur les infractions fiscales, ou par le biais de communications, avis et lignes directrices. Elle promeut aussi la coopération entre autorités fiscales des États membres.

La question de l'impôt européen

Le budget communautaire dispose de ressources propres et stables, que lui transfèrent les différents États – parfois après un vote comme en France sur le prélèvement sur recettes affecté à l'Union européenne. Les prélèvements agricoles, les droits de douane, la ressource TVA, la ressource RNB permettent à l'Union d'exercer ses missions, dans le cadre des perspectives financières pluriannuelles et des mécanismes de décision associant la Commission, le Conseil et le Parlement.

Cependant, à plusieurs reprises, l'idée d'un impôt européen a été évoquée. Deux raisons principales viennent la soutenir :
– l'Union cherche des ressources supplémentaires, notamment pour financer l'intégration de nouveaux États ;
– cela permettrait de faire un pas de plus dans la construction d'une souveraineté de l'Union européenne : en cela, l'histoire de la construction des États modernes montre bien comment le pouvoir politique s'est renforcé en prenant appui sur le pouvoir financier.

Ce projet se heurte à l'hostilité de certains États membres et de leurs parlements nationaux. Ils mettent en avant les difficultés techniques liées à l'hétérogénéité des bases de calcul entre États en raison des écarts importants de richesses. Surtout, ils refusent l'éclatement du consentement de l'impôt et l'attribution d'un pouvoir fiscal réel aux institutions européennes.

Les dépenses de l'État

QUIZ
Quelles sont les dépenses de l'État par mission ?

Question 1 : Quelle est la mission la plus importante dans le budget de l'État?

- Sécurité
- Remboursements et dégrèvements
- Enseignement scolaire
- Défense
- Solidarité et intégration

Question 2 : Quelle est la seconde mission en ordre d'importance dans le budget de l'État ?

- Sécurité
- Engagements financiers de l'État
- Enseignement scolaire
- Défense
- Solidarité et intégration

Question 3 : Quelle est la mission la moins importante du budget de l'État ?

- Santé
- Provisions
- Sport, jeunesse et vie associative

Les réponses

Question 1 : La mission « Remboursements et dégrèvements » représente 23,6 % des autorisations d'engagement de dépense du budget 2009, soit 89,9 milliards d'euros. Elle permet aux usagers de percevoir leurs remboursements et dégrèvements d'impôts d'État et locaux. Le budget de l'État compte, par ailleurs, 32 missions.

Question 2 : La mission « Enseignement scolaire » représente 15,7 % des autorisations d'engagement de dépense du budget 2009, soit 60 milliards d'euros. Il s'agit d'une des 9 missions dites « interministérielles », c'est-à-dire gérées par plusieurs ministères – en l'occurrence, le ministère de l'Éducation nationale et le ministère de l'Agriculture et de la Pêche pour l'enseignement technique agricole. Elle est suivie de la mission « Défense » avec 47,79 milliards d'euros, soit 12,5 % des autorisations d'engagement de dépense du budget 2009.
En quatrième position, la mission « Engagements financiers de l'État » (c'est-à-dire ce qui a trait à la charge de la dette et à la trésorerie de l'État, aux appels en garantie de l'État, à l'épargne et à la majoration de rentes) « pèse » 46 milliards d'euros, soit 12 % des autorisations d'engagement de dépense.

Question 3 : Il s'agit de la mission « Provisions » avec 0,23 milliard d'euros, soit 0,06 % des autorisations d'engagement de dépense. Elle comporte deux programmes : celui pour dépenses accidentelles et imprévisibles, destiné à faire face à d'éventuelles calamités, et celui des provisions relatives aux rémunérations publiques. La mission « Politique des territoires » occupe l'avant-dernière position dans le budget 2009, avec 0,39 milliard d'euros, soit 0,1 % des autorisations d'engagement de dépense.

La répartition par mission des crédits du budget général définie par le projet de loi de finances pour 2009 peut être détaillée comme suit.

Mission	Autorisations d'engagement* (en milliards d'euros)	Crédits de paiement* (en milliards d'euros)
Action extérieure de l'État	2,50	2,52
Administration générale et territoriale de l'État	2,61	2,60
Agriculture, pêche, forêt et affaires rurales	3,24	3,49
Aide publique au développement	3,38	3,17
Anciens combattants, mémoire et liens avec la Nation	3,55	3,53
Conseil et contrôle de l'État	0,55	0,55
Culture	2,84	2,78
Défense	47,79	37,39
Direction de l'action du Gouvernement	0,49	0,54
Écologie, développement et aménagement durables	10,25	10,07
Économie	1,91	1,90
Engagements financiers de l'État	46,0	46,0
Enseignement scolaire	60,01	59,99
Gestion des finances publiques et des ressources humaines	11,63	11,37
Immigration, asile et intégration	0,51	0,51
Justice	8,32	6,65
Médias	1,02	1,01
Outre-mer	1,97	1,88
Politique des territoires	0,39	0,37
Pouvoirs publics	1,05	1,05
Provisions	0,23	0,23
Recherche et enseignement supérieur	24,56	24,16
Régimes sociaux et de retraite	5,18	5,18
Relations avec les collectivités territoriales	2,41	2,34
Remboursements et dégrèvements	89,9	89,9
Santé	1,13	1,16
Sécurité	16,16	16,23
Sécurité civile	0,45	0,42
Solidarité, insertion et égalité des chances	11,2	11,18
Sport, jeunesse et vie associative	0,80	0,79
Travail et emploi	11,73	11,82
Ville et logement	7,60	7,64
Total	**381,38**	**368,4**

* Autorisation d'engagement : limite supérieure des dépenses pouvant être engagées.
Crédit de paiement : limite supérieure des dépenses pouvant être ordonnancées ou payées pendant l'année pour couvrir les engagements contractés dans le cadre des autorisations d'engagement.
Source : Ministère de l'Économie, des Finances et de l'Industrie, *Chiffres clés du projet de loi de finances pour 2009.*

Quelles sont les dépenses de l'État par fonction ?

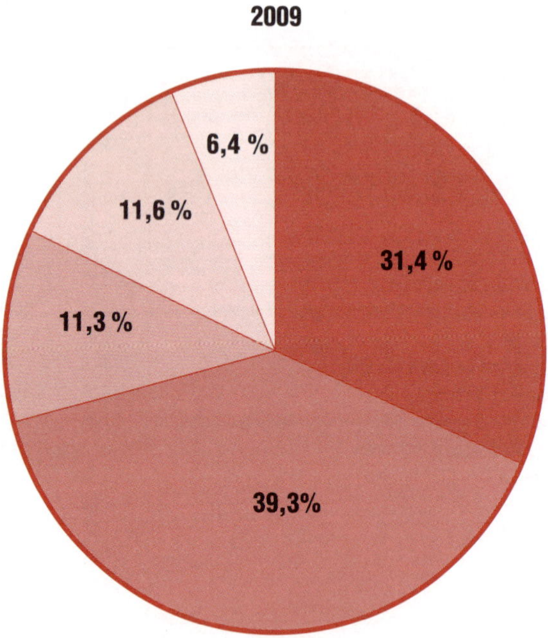

Légende :

- Dépenses de personnel et de pensions
- Dépenses d'intervention
- Dépenses de fonctionnement
- Charges de la dette de l'État
- Autres (dotations des pouvoirs publics, dépenses d'investissement et dépenses d'opérations financières)

La présentation par fonction des dépenses de l'État correspond à sept titres du projet de loi de finances.

En 2009, les charges budgétaires de l'État, telles que retracées par le projet de loi de finances initiale se répartissaient comme suit :

Dépenses de personnel : 31,4 %

- dont 60 % (71,7 milliards d'euros d'autorisations d'engagement) pour la rémunération des personnels payés sur le budget de l'État ;
- et 40 % (48,1 milliards d'euros d'autorisations d'engagement) pour les cotisations et contributions sociales, prestations sociales et allocations diverses.

Dépenses d'intervention : 39,3 %

Ces dépenses (149,9 milliards d'euros d'autorisations d'engagement) recouvrent l'ensemble des transferts :

- aux ménages : allocation pour adulte handicapé, contrats emploi solidarité par exemple ;
- aux entreprises notamment sur l'emploi ;
- aux collectivités territoriales et aux associations : subventions ;
- aux autres collectivités, comme les subventions aux régimes spéciaux (ex : RATP, SNCF) ;
- des appels en garantie.

Dépenses de fonctionnement : 11,3 %

Cette catégorie (42,9 milliards d'euros d'autorisations d'engagement) regroupe les dépenses de fonctionnement courant des services de l'État (achats, gestion immobilière, dépenses d'entretien, etc.), mais aussi les subventions pour charges de service public versées par l'État aux différents opérateurs des politiques publiques (universités, service public de l'emploi…).

Charges de la dette de l'État : 11,6 %

Pour 44,3 milliards d'euros d'autorisations d'engagement, il s'agit des intérêts de la dette publique, qui sont donc inscrits dans le budget de l'État comme une charge, c'est-à-dire une dépense que l'État doit faire chaque année au profit de ses créanciers.

Dépenses d'investissement : 5,95 %

Il s'agit des dépenses pour immobilisations corporelles et incorporelles de l'État.

Dotations des pouvoirs publics : 0,3 %

Dépenses d'opérations financières : 0,15 %

Il s'agit des prêts et avances, des dotations en fonds propres et des dépenses de participations financières.

Les déterminants des dépenses de l'État

En 2009, les dépenses du budget de l'État s'élèveront à 381,4 milliards d'euros en autorisations d'engagement et 368,4 milliards d'euros en crédits de paiement, en tenant compte du changement de périmètre par rapport à l'exercice 2008. Le niveau des dépenses de l'État, acte majeur de la politique budgétaire, est en grande partie contraint par des facteurs qui s'imposent au gouvernement, limitant d'autant la part discrétionnaire de celui-ci. Le poids croissant des dépenses liées au passé a ainsi pu faire dire que l'on assistait à une lente « pétrification » (A. Siné) des dépenses de l'État, qui rigidifie son budget.

Les déterminants qui s'imposent à l'État

Le premier facteur exogène est **le poids du passé**. Depuis trente ans, les budgets de l'État, en France, ont été adoptés et exécutés en déséquilibre. Il en est résulté une croissance continue de la part des dépenses inéluctables :

– La masse salariale : elle est fonction du nombre d'agents employés par l'État, fonctionnaires et contractuels, des décisions salariales passées d'ordre général (valeur du point) ou catégorielles (régimes indemnitaires, repyramidage), ainsi que de la structure de ces emplois publics – mesurée par le glissement vieillesse technicité (GVT), qui additionne le coût des avancements automatiques des agents et de l'augmentation de leur qualification.

– Les pensions de retraite des fonctionnaires et assimilés : outre le nombre de pensionnés, fonction de la durée de la vie et du nombre d'agents employés par l'État par le passé, son montant varie selon la politique de gestion des ressources humaines dans l'administration (incitation à la cessation d'activité) et de la politique de revalorisation des pensions (indexation sur les prix ou sur le point fonction publique par exemple).

– Le service de la dette : il reflète le stock, mais aussi la structure de la dette (produits indexés, durée des différents produits), et évolue avec le niveau des taux d'intérêt et les opérations de gestion de dette.

Par ailleurs, des décisions passées peuvent produire des effets pluriannuels, malgré la règle de l'annualité pour l'élaboration du budget, et donc contraindre la détermination de l'enveloppe des dépenses : lois de programmation, subventions aux collectivités territoriales, engagements politiques ou contractuels, mais aussi crédit-bail, loyers, etc.

Le second facteur dépend de la **croissance économique**. Une baisse de l'activité économique engendre des coûts pour l'État, liés notamment aux mécanismes d'assistance. Inversement, une croissance forte peut réduire ces derniers, mais aussi augmenter les dépenses indexées sur la croissance (par exemple les subventions aux collectivités territoriales) ou susciter une demande sociale pour de nouvelles dépenses.

Enfin, des mécanismes automatiques s'imposent à l'État, sauf mesure de redressement. Il s'agit des **dépenses évaluatives** (par exemple les frais de justice ou les remboursements et dégrèvements d'impôt ; la LOLF leur a fait perdre ce caractère), mais aussi des **prestations** servies sans que la limitativité des crédits ne s'applique vraiment (prestations sociales comme le revenu minimum d'insertion avant son transfert en 2005 aux départements).

La procédure de détermination du niveau des dépenses

Depuis quelques années, le ministère des Finances détermine avant le début de la discussion budgétaire une **norme d'évolution des dépenses**. Elle est destinée autant à contribuer à la maîtrise des dépenses, qu'à discipliner les acteurs du processus. Cette norme est désormais un des éléments fondamentaux du programme de stabilité et de croissance transmis chaque année à la Commission européenne. Son respect constitue dès lors le cœur de la crédibilité de la politique budgétaire. De son niveau dépend aussi le degré de difficulté de l'exercice de construction budgétaire. Depuis le PLF 2003, cette norme est fixée à « zéro volume », ce qui signifie que les dépenses de l'État ne doivent pas augmenter davantage que l'inflation attendue.

Une fois la norme fixée par le Premier ministre, dévoilée dans la lettre de cadrage, la **direction du Budget calcule**, à partir des dépenses inéluctables identifiées, **le montant de la marge de manœuvre** dont dispose le gouvernement dans la négociation budgétaire. Ce montant peut être négatif, ce qui signifie qu'une fois financées les hausses de dépenses liées au passé et aux priorités politiques, il faut répartir entre les ministères des économies budgétaires.

La détermination réelle du niveau des dépenses dépend alors de la décision de prendre des mesures de redéploiement (financer des dépenses nouvelles en en comprimant d'autres) ou de redressement (modifier un dispositif pour en diminuer le coût) ou, au contraire, de lancer des programmes nouveaux ayant un coût budgétaire.

Dans une période où le niveau des dépenses publiques est considéré comme le principal élément de la politique budgétaire, il peut être décidé de transformer des dépenses budgétaires en mesures fiscales (remplacer une subvention en crédit d'impôt par exemple), ou de débudgétiser certaines dépenses (transfert de la charge à un autre opérateur public, financement d'une dépense par des mesures de trésorerie dans un établissement public, etc.). Afin de rendre transparents ces choix budgétaires et de ne pas affaiblir la crédibilité de la norme de dépenses, le ministère des Finances établit une charte de budgétisation et indique l'évolution à structure constante du budget de l'État d'une année sur l'autre. Par ailleurs, la négociation budgétaire tend à globaliser les choix en matière de politique de dépenses et de recettes.

Avec la mise en œuvre de la LOLF et le développement des objectifs et des indicateurs, il est possible que la détermination des dépenses inclut également un volet lié à la performance des politiques publiques. Il devrait néanmoins rester limité : aucun pays n'a ainsi réussi à mettre en place un processus de budgétisation scientifique fondé sur la seule performance. La détermination des dépenses reste ainsi un exercice essentiellement politique.

L'État est-il un employeur important ?

L'État emploie des fonctionnaires mais aussi des salariés dans les établissements publics.

▶▶ **Au 31 décembre 2007, l'État employait dans la fonction publique d'État au sens strict un peu plus de 2,4 millions de personnes**, dont plus de la moitié aux ministères de l'Éducation nationale et de la Recherche (51,7 %), 17,6 % au ministère de la Défense, 7,7 % au ministère de l'Économie, des Finances et de l'Industrie, et 7,5 % au ministère de l'Intérieur et des Collectivités territoriales. La fonction publique d'État regroupait ainsi l'équivalent d'un peu plus de 10 % de l'ensemble des salariés en France (23,7 millions en 2007, métropole et DOM inclus).

Malgré la décentralisation, les effectifs de la fonction publique d'État ont progressé au cours des années 1980 et 1990, en raison notamment de la hausse du nombre d'enseignants et, dans une moindre mesure, de policiers.

En revanche, les effectifs employés par l'État dans les entreprises dont il est actionnaire se sont réduits, principalement du fait des privatisations, de 2,35 millions en 1986 à 1,45 million en 2003, dont la moitié dans des entreprises non soumises à la concurrence ou non cotées.

▶▶ L'État n'est pas un employeur comme les autres. En effet, **les fonctionnaires de l'État,** ainsi que certains salariés des entreprises publiques, **sont soumis à des « statuts »,** distincts des dispositions générales du droit du travail, qui leurs offrent des garanties (ex : la garantie de l'emploi) destinées notamment à préserver leur neutralité. En outre, l'évolution des rémunérations des fonctionnaires de l'État détermine largement celle des fonctionnaires des hôpitaux et des collectivités territoriales. Enfin, l'État s'est longtemps servi des entreprises publiques pour agir sur le chômage ou pour influencer les pratiques sociales et salariales des entreprises privées.

▶▶ **L'État-employeur est par ailleurs confronté à un défi singulier : l'accélération des départs à la retraite** de ses fonctionnaires, dont 55 % pourraient cesser leurs fonctions entre 2003 et 2018.

Quels sont les investissements de l'État ?

La définition de la notion d'investissement de l'État est double :
– dans le cadre de la comptabilité nationale, l'INSEE assimile l'investissement de l'État à sa «formation brute de capital fixe (FBCF)». Il s'agit de la valeur des acquisitions d'actifs fixes corporels (ex : bâtiments, ordinateurs) ou incorporels (ex : logiciels), que l'État utilise pour produire des biens et des services ;
– dans la présentation administrative du budget de l'État, la définition est plus large. Il s'agit des «dépenses en capital». Avec la loi organique relative aux lois de finances (LOLF), les investissements sont retracés sous le titre 5 «dépenses d'investissement» qui recouvre les investissements corporels (ex : immeubles) ou incorporels (ex : projets informatiques) de l'État.

L'importance des investissements de l'État varie selon la définition choisie.

Au sens de l'INSEE, l'État investit très peu, moins de un cinquième de l'investissement des administrations publiques, contre quatre cinquièmes pour les collectivités territoriales.

Les principaux investissements de l'État concernent les dépenses militaires, 9,1 milliards d'euros pour 2008 (ex : acquisition de navires, d'avions) sur les 13,5 milliards d'euros de dépenses d'investissement.

Les investissements civils sont pour l'essentiel des subventions d'investissement à d'autres institutions publiques ou privées, et pour le reste des investissements directs. Hors subventions d'investissement aux collectivités territoriales, les principaux domaines d'investissement civil de l'État concernent le soutien à la recherche et à la politique industrielle, les équipements en matière de transport, les investissements sur l'urbanisme et le logement.

Par ailleurs, on peut considérer que **l'État investit dès lors qu'il réalise des «dépenses d'avenir»**, comme celles d'éducation ou de santé publique.

Les investissements publics constituent aussi un soutien essentiel de la croissance à long terme.

Qu'est-ce que le service de la dette ?

▶▶ Le service de la dette est **l'ensemble des dépenses de l'État consacrées au remboursement des intérêts de sa dette**. Il devrait s'élever en 2009, selon le projet de loi de finances, à 44,3 milliards d'euros, soit 11,6 % du budget de l'État. Le paiement des intérêts de la dette représente ainsi aujourd'hui le quatrième poste de dépenses de l'État.

Ce poste a connu une très forte augmentation suite à la croissance de la dette publique, multipliée par cinq depuis 1980, et qui a dépassé, calculée selon les critères de Maastricht, les 1300 milliards d'euros au 31 décembre 2008. La dette connaît un important accroissement dans la période récente, du fait du « plan de relance » destiné à lutter contre la crise économique. La dette publique représente 68 % de la richesse nationale (contre 20 % en 1980), la dette de l'État représente à elle seule 53,1 % du PIB, selon les critères de Maastricht.

Outre du stock de dette, le service de la dette dépend du niveau des taux d'intérêt, de la structure de la dette et de la manière dont elle est gérée.

▶▶ Cette **gestion est confiée depuis 2001 à l'Agence France Trésor** du ministère des Finances. Elle doit veiller à la gestion de la trésorerie de l'État (s'assurer que l'État n'est jamais en défaut de paiement) et procéder à une gestion active du stock de dette afin d'en minorer le coût, notamment par des opérations de restructuration de dette (allongement de la durée, rachats, échanges, couverture, etc.). L'agence cherche aussi à lisser les remboursements dans le temps. Elle émet ainsi des titres diversifiés (bons du Trésor ou obligations), d'une durée variable (de moins d'un an à trente ans), dont certains peuvent être libellés en monnaie étrangère et d'autres indexés sur certaines valeurs (l'inflation).

Quel est le rôle du Parlement en matière de dépenses ?

Le Parlement dispose d'un **rôle central d'autorisation, de contrôle et plus rarement de détermination des dépenses**. La constitution de 1958 et l'ordonnance organique de 1959 ont en effet veillé à limiter la capacité d'initiative du Parlement en matière de dépenses. Sa prédominance sous les IIIe et IVe Républiques était source d'instabilité ministérielle et de dysfonctionnements.

Le Parlement autorise chaque année par le vote du budget les dépenses de l'État et ratifie les ouvertures de crédits décidées par le gouvernement dans des circonstances exceptionnelles (ex : décret d'avance). Avec l'ordonnance de 1959, ce vote s'effectuait en deux temps :

- un seul vote sur les « services votés », correspondant au montant des dépenses récurrentes des années précédentes ;
- un vote par titre et par ministère pour les « mesures nouvelles » proposées par le Gouvernement, économies ou dépenses supplémentaires.

Avec la loi organique relative aux lois de finances (LOLF), ce vote porte dès le premier euro sur l'ensemble des crédits de chaque mission, qui rassemble les programmes correspondant à une politique publique (par exemple, la mission Aide publique au développement).

Parallèlement, le Parlement **contrôle l'exécution des dépenses**. Les commissions des Finances disposent ainsi de pouvoirs étendus pour s'assurer du bon emploi des deniers publics et du respect de l'autorisation budgétaire donnée par le Parlement.

Avec l'ordonnance de 1959, le Parlement ne pouvait avoir aucune autre initiative en matière de dépenses que de proposer des économies ou de modifier la nomenclature budgétaire afin de mieux identifier certaines dépenses. Avec la LOLF, depuis le budget pour 2006, les parlementaires peuvent proposer des redéploiements de crédits entre programmes d'une même mission.

Les dépenses publiques depuis un siècle

Les dépenses publiques sont les dépenses effectuées par l'État, les administrations de Sécurité sociale, les collectivités territoriales et les administrations qui leur sont rattachées. Elles peuvent être classées en trois catégories :
– les dépenses de fonctionnement, qui servent à la bonne marche des services publics sans y apporter d'amélioration (dépenses courantes de personnel et d'entretien) ;
– les dépenses de transfert en nature, principalement la fourniture de services publics comme l'hospitalisation ou l'enseignement à titre gratuit, ou en numéraire (ex : subventions aux entreprises, pensions de retraite, allocations familiales, minima sociaux...) ;
– les dépenses d'investissement, qui visent à renouveler ou à accroître le capital public (ex : achats de matériels et de mobiliers, constructions de bâtiments et d'infrastructures).

Comme le montre le tableau ci-dessous, la part des dépenses publiques dans le produit intérieur brut (PIB) a plus que quadruplé au cours du XXe siècle :

Évolution des dépenses publiques en % du PIB

1872	11,0
1912	12,6
1920	32,8
1947	40,8
1960	34,6
1974	39,3
1975	43,4
1980	45,5
1985	51,9
1990	49,5
1995	53,5
2000	51,4
2003	54,5
2004	53,4
2005	53,4
2006	52,7
2007	52,3
2008	52,7

Sources : Christine André et Robert Delorme, « Le Budget de l'État », in *Cahiers français* n° 261 (mai-juin 1993) pour les données historiques, OCDE à partir de 1960, INSEE Première depuis 2005. Les chiffres retenus par l'INSEE dans le cadre de la nouvelle comptabilité nationale issue du SEC 1995 sont légèrement plus élevés.

Un accroissement des dépenses publiques et une déformation de leur structure

L'accroissement des dépenses publiques n'est pas un phénomène propre à la France. Il a touché l'ensemble des pays de l'OCDE et s'est effectué en trois vagues successives :
– la part des dépenses publiques dans le PIB a plus que doublé lors de la Première Guerre mondiale, avant de diminuer lors des années 1920 ;

– puis, elle a fortement progressé durant la Seconde Guerre mondiale et à la Libération, avant de baisser à nouveau dans les années 1950 ;
– enfin, elle a progressé de manière quasi continue entre 1960 et 1985, avant de diminuer légèrement dans la plupart des pays de l'OCDE, sauf en France, où elle fluctue depuis lors autour de 50 % au gré de la conjoncture.

Cette évolution quantitative s'est accompagnée d'une déformation de la structure des dépenses sous les effets conjugués du développement des missions de l'État (notamment des progrès de l'Éducation nationale), de la création de la Sécurité sociale, puis, dans une moindre mesure, de la décentralisation. Ainsi, les dépenses régaliennes traditionnelles (diplomatie, défense, police, justice) ne représentent plus qu'un cinquième du budget de l'État, et moins d'un dixième des dépenses publiques contre plus de la moitié au début du XXe siècle. Par ailleurs, les dépenses des administrations de Sécurité sociale, inexistantes il y a un siècle, dépassent celles de l'État depuis 1995.

Plusieurs facteurs d'explication

Plusieurs faisceaux d'explications à cette évolution peuvent être avancés.

Tout d'abord, l'économiste allemand Adolph Wagner avait avancé dès la fin du XIXe siècle (« loi de Wagner ») que le progrès économique s'accompagnerait d'une hausse de la part des dépenses publiques dans le PIB, en raison du développement de nouveaux besoins pour le bon fonctionnement de l'économie (infrastructures, réglementations, services publics urbains), et de l'importance croissante accordée par la population à l'éducation, la culture, les loisirs, la protection de l'environnement, la santé, et plus généralement, la prévention de tous les risques.

Cette tendance pourrait, par ailleurs, être renforcée par la plus grande faiblesse des « gains de productivité » dans des secteurs comme l'éducation, la santé ou la culture que dans l'industrie, et par l'« effet de cliquet » des dépenses publiques résultant d'une plus grande facilité à augmenter des dépenses et à mettre en place des politiques ou des administrations publiques qu'à les supprimer. Ainsi, en juillet 1997, un rapport de la Cour des comptes estimait à 90 % les dépenses automatiquement reconduites sur lesquelles le gouvernement n'a pas ou peu d'influence.

Enfin, le ralentissement de la croissance, l'apparition du chômage de masse et la hausse de la dette publique ont mécaniquement accru la part dans le PIB des dépenses liées à l'indemnisation du chômage, au soutien de l'emploi et aux intérêts de la dette.

En outre, les politiques d'inspiration keynésienne, consistant à moduler le niveau des dépenses publiques pour agir sur la conjoncture, apparaissent aujourd'hui beaucoup moins efficaces que dans les années 1960. Plusieurs raisons peuvent expliquer cette situation :
– l'ouverture croissante de notre économie, qui réduit l'effet multiplicateur d'un surcroît de dépenses publiques sur l'économie nationale ;
– la libéralisation des marchés de capitaux ;
– l'importance prise par les taux d'intérêt, qui risquent d'être plus élevés avec une hausse des dépenses et des déficits publics ;

– enfin, et surtout, la complexité croissante de notre environnement économique et juridique : le diagnostic de la conjoncture est aujourd'hui difficile, et il faut ensuite plusieurs mois au gouvernement pour prendre une décision et au Parlement pour voter des crédits supplémentaires. Parfois plusieurs années de procédure (enquêtes d'utilité publique, appels d'offre, etc.) sont nécessaires pour que ces crédits soient effectivement dépensés, quelques fois à contretemps.

La maîtrise des dépenses publiques

Quoi qu'il en soit, l'augmentation de la part des dépenses publiques dans le PIB s'est accompagnée d'une hausse des impôts destinée à les financer et, depuis 1975, de déficits publics récurrents. Ces derniers justifient la mise en œuvre de politiques de « maîtrise » des dépenses publiques, d'autant plus que les engagements européens de la France contraignent l'évolution des finances publiques (Pacte de stabilité et de croissance de 1997).

En pratique, la maîtrise des dépenses publiques est toutefois difficile. Au cours des années 1990, les efforts ont d'ailleurs moins porté sur les dépenses inefficaces, que sur celles plus faciles à couper ou à reporter, c'est-à-dire les investissements publics, l'aide au développement et les dépenses militaires.

Cela étant, il convient de ne pas perdre de vue que la maîtrise des dépenses publiques ne constitue pas une fin en soi. En effet, dans une démocratie, il appartient aux citoyens, ou à leurs représentants, de déterminer le niveau et la répartition des dépenses publiques correspondant à leurs aspirations, qui peuvent être extrêmement différentes d'un pays à un autre.

Le budget ou comment équilibrer les recettes et les dépenses

Qu'est-ce que le budget de l'État ?

Le budget de l'État peut être défini comme **l'ensemble des documents, votés par le Parlement, qui prévoient et autorisent les ressources et les charges de l'État pour chaque année**. C'est donc un acte de prévision et d'autorisation de perception des impôts et de dépense des deniers publics. Le Parlement doit donner chaque année au gouvernement l'autorisation de percevoir l'impôt (principe d'annualité), ce qui lui permet de contrôler l'usage des deniers publics.

Le budget de l'État suit des règles précises de présentation et de vote. Elles permettent de retracer, de manière sincère, l'intégralité des recettes et des charges de l'État. Jusqu'ici, les crédits étaient ouverts dans un chapitre. Désormais, avec la loi organique relative aux lois de finances (LOLF), ils sont répartis par programme. Le gouvernement ne peut en principe modifier leur destination sans solliciter une décision de l'autorité budgétaire, c'est-à-dire du Parlement.

Le budget de l'État peut être considéré comme **l'un des comptes de la loi de finances.**

Les lois de finances sont des actes juridiques et politiques. Leur contenu ne se réduit pas à la description du budget de l'État. Elles portent sur les emplois, l'information et le contrôle du Parlement sur les finances publiques. Elles peuvent comporter des recettes directement affectées à des personnes morales autres que l'État (ex : prélèvement sur recettes au profit des collectivités territoriales et de l'Union européenne).

Les lois de finances sont **un ensemble de comptes** dont elles décrivent les ressources et les dépenses : budget général, budgets annexes (« Contrôle et exploitation aériens », « Publications officielles et information administrative »), comptes spéciaux anciennement du Trésor (comptes d'affectation spéciale, comptes de commerce, comptes d'opérations monétaires et comptes de concours financiers).

Les grands principes budgétaires

La présentation du budget de l'État doit respecter quatre grands principes du droit budgétaire classique (les principes d'annualité, d'unité, d'universalité et de spécialité), auxquels il convient d'ajouter le principe de sincérité consacré par la loi organique relative aux lois de finances (LOLF) du 1er août 2001.

Le principe d'annualité

Le principe d'annualité signifie que le budget de l'État doit être voté chaque année (annualité du vote du budget et de l'autorisation de percevoir les impôts). En France, l'exercice budgétaire coïncide ainsi avec l'année civile : l'exécution des dépenses et des recettes doit s'effectuer entre le 1er janvier et le 31 décembre de chaque année. Mais, ce n'est pas le cas dans tous les pays : si les budgets respectent généralement le principe d'annualité, ils peuvent néanmoins avoir des dates d'application différentes. Par exemple, la Grande-Bretagne, le Japon et le Canada font débuter l'exercice budgétaire le 1er avril, et les États-Unis, le 1er octobre.

Le vote annuel du budget de l'État a permis aux parlements d'asseoir progressivement leur autorité face aux monarques, en contrôlant régulièrement les finances de l'État. Cependant, il est apparu depuis et à l'usage qu'une application trop stricte du principe d'annualité nuirait à la souplesse nécessaire au bon fonctionnement de l'État et à la prise en compte de la dimension pluriannuelle des finances publiques.

En effet, dans un contexte de maîtrise des finances publiques, les pouvoirs publics doivent pouvoir connaître les conséquences financières à moyen et long termes de leurs décisions pour conduire une politique budgétaire soutenable. Par ailleurs, le strict respect de l'annualité budgétaire peut provoquer des comportements dépensiers peu souhaitables. Par exemple, faute de pouvoir reporter des crédits d'une année sur l'autre, le gestionnaire peut être incité à consommer l'intégralité de ses crédits en fin d'année, surtout s'il risque de voir sa dotation diminuer l'année suivante.

Dans la pratique, le principe d'annualité est donc soumis à des aménagements, destinés à concilier continuité budgétaire et souplesse de fonctionnement de l'État :
- il est possible de voter, en cours d'année, des lois de finances rectificatives, appelées également collectifs budgétaires, qui modifient la loi de finances initiale ;
- une période complémentaire à l'exercice budgétaire permet de rattacher au début de l'exercice suivant certaines opérations de fin d'année effectuées dans le cadre de l'exercice qui vient de s'achever ;
- le principe de continuité des exercices budgétaires permet aussi, dans une certaine mesure, le report des crédits non consommés à l'exercice suivant ;
- un engagement pluriannuel des dépenses d'investissement par le biais des autorisations de programme est également possible. Jusque-là réservée aux dépenses d'investissement, cette possibilité s'étendra à toutes les dépenses de l'État dans le cadre des dispositions de la nouvelle loi organique relative aux lois de finances.

Le principe d'unité

Le principe d'unité recouvre deux règles :
- La règle de l'unité, qui exige que le budget de l'État soit retracé dans un document unique (la loi de finances). Il s'agit ainsi d'assurer aux parlementaires une bonne lisibilité du budget, et donc, un contrôle effectif sur les finances de l'État.
- La règle de l'exhaustivité, selon laquelle la loi de finances doit prévoir et autoriser l'ensemble des recettes et des charges de l'État.

Ces deux règles ne sont pas toujours respectées. D'une part, la règle de l'unité ne peut être appliquée au sens strict. En effet, le budget de l'État est certes articulé autour d'un document central, la loi de finances, mais celle-ci s'accompagne de très nombreuses annexes qui en développent la portée (budgets annexes, comptes spéciaux). D'autre part, la règle de l'exhaustivité se voit régulièrement compromise par des débudgétisations qui permettent d'extraire certaines charges du périmètre du budget de l'État en créant, par exemple, des fonds spécifiques. Enfin, la création des lois de financement de la Sécurité sociale en 1996 a conduit à multiplier les transferts de crédits entre la loi de finances et la loi de financement de la Sécurité sociale, en raison notamment de l'implication croissante de l'État dans le financement des régimes sociaux.

Le principe d'universalité

Le principe d'universalité, selon lequel l'ensemble des recettes couvre l'ensemble des dépenses, se décompose en deux règles :

– La règle de non-compensation, qui interdit la compensation des dépenses et des recettes. Ainsi, il n'est pas possible de soustraire certaines dépenses de certaines recettes (par exemple, déduire les frais de recouvrement prélevés par l'État du montant des impositions), et de soustraire des recettes de certaines dépenses pour ne présenter que le solde des opérations ainsi « compensées », en dehors de certaines dérogations applicables, par exemple, aux comptes spéciaux. La compensation des ressources et des dépenses permettrait en effet de dissimuler certaines charges, ce qui nuirait à la lisibilité et à la sincérité du budget.

– La règle de non-affectation, qui interdit l'affectation d'une recette à une dépense déterminée. Elle implique de verser toutes les recettes dans une caisse unique où l'origine des fonds est indéterminée. Elle permet à l'autorité budgétaire de conserver son pouvoir de décision et de gérer les fonds publics en respectant les notions de solidarité et d'unité nationales. Elle connaît toutefois quelques dérogations (ex : les budgets annexes ou les comptes spéciaux qui retracent des dépenses bénéficiant d'une affectation particulière de recettes).

Le principe de spécialité

Le principe de spécialité impose d'indiquer précisément le montant et la nature des opérations prévues par la loi de finances, ce qui implique une nomenclature budgétaire appropriée. Les crédits sont ainsi ouverts de manière détaillée, spécialisés par programmes depuis la mise en œuvre de la LOLF (anciennement par chapitres), et sont tous rattachés à un objet spécifique de dépense, qui ne doit pas être dénaturé en exécution par le gouvernement.

Le principe de spécialité vise à assurer une information suffisante pour permettre l'exercice d'un contrôle efficace sur l'exécution du budget de l'État. Pour préserver la notion de programme, qui lie crédits, objectifs et indicateurs, la LOLF crée des « dotations », composant les deux missions « Provisions » et « Pouvoirs publics », comportant des crédits globaux, dont la répartition ne peut être déterminée au moment où ils sont votés.

L'application de la règle de spécialité est profondément transformée par la mise en œuvre complète de la loi organique relative aux lois de finances du 1er août 2001 depuis le budget pour 2006. Elle substituera une nomenclature fondée sur la destination des crédits à la nomenclature actuelle fondée sur la nature de la dépense.

Le principe de sincérité

La loi organique relative aux lois de finances du 1er août 2001 consacre un nouveau principe budgétaire. En effet, selon l'article 32, « les lois de finances présentent de façon sincère l'ensemble des ressources et des charges de l'État ». Ce principe de sincérité budgétaire, inspiré du droit comptable privé, implique l'exhaustivité, la cohérence et l'exactitude des informations financières fournies par l'État. Toutefois, son application est limitée par la nature prévisionnelle de la loi de finances (le dernier alinéa de l'article 32 prévoit que : « leur sincérité s'apprécie compte tenu des informations disponibles et des prévisions qui peuvent raisonnablement en découler »).

Qu'est-ce qu'une loi de finances ?

Les lois de finances « déterminent, pour un exercice (une année civile), la nature, le montant et l'affectation des ressources et des charges de l'État, ainsi que l'équilibre budgétaire et financier qui en résulte » (art. 1 de la loi organique relative aux lois de finances du 1er août 2001).

Il existe plusieurs types de loi de finances qui font toutes l'objet d'un vote du Parlement en tant qu'autorité budgétaire :
– la loi de finances initiale (LFI) autorise notamment la perception des ressources de l'État et des impositions de toutes natures attribuées à des personnes morales autres que l'État ;
– les lois de finances rectificatives ou « collectifs budgétaires » modifient en cours d'année les dispositions de la LFI ;
– la loi de règlement arrête le montant définitif des recettes et des dépenses du budget, ainsi que le résultat budgétaire (déficit ou excédent) qui en découle.

Le **champ des lois de finances comprend un « domaine réservé »**, sur lequel d'autres lois ne peuvent intervenir : notamment la détermination des ressources et des charges de l'État pour l'année à venir. Elles partagent aussi avec les autres lois plusieurs domaines. Elles peuvent ainsi comporter des dispositions fiscales n'ayant pas d'impact financier sur l'année suivante, et définir les modalités de répartition des dotations de l'État aux collectivités territoriales.

Les lois de finances répondent à des règles de vote et de présentation très strictes. Le Parlement dispose d'un délai de 70 jours pour se prononcer sur les projets de loi de finances initiale et les projets de loi de finances rectificatives. L'Assemblée nationale est toujours saisie en premier de ces textes.

Quelles sont les étapes d'élaboration et d'adoption d'une loi de finances ?

Phase administrative

1er trimestre (novembre-janvier) : Établissement des prévisions et définition des grandes lignes du budget

Établissement des prévisions de recettes et des économies possibles par le ministère du Budget :
– note de programmation pluriannuelle pour les trois années suivantes et note d'esquisse du projet de loi de finances adressées par le directeur du Budget au ministre ;
– analyse détaillée de l'exécution du budget de l'année précédente pour préparer les conférences budgétaires entre les services de la direction du Budget et les représentants des différents ministères ;
– séminaire gouvernemental, fin janvier, pour fixer la stratégie d'ensemble en matière de finances publiques. À son issue, envoi de la lettre de cadrage fixant les orientations et les normes de maîtrise des dépenses.

Février-mars : Conférences budgétaires de première phase

– Février : réunions entre les services de la direction du Budget et ceux des ministères (responsables budgétaires de chaque ministère, certains responsables de programme) pour examiner l'ensemble des crédits et des effectifs demandés, dans le respect de la lettre de cadrage ;
– Mars : réunions entre le ministre chargé du budget et ses collègues pour arbitrer les points restés en suspens entre les services, pour identifier les projets de réforme des différentes politiques publiques et en tirer les conséquences en termes de crédits, d'effectifs et de recrutements.

Avril-mai : Arbitrages sur les crédits

– Avril : arbitrages rendus par le Premier ministre sur le niveau des crédits par mission et les principales mesures fiscales associées aux missions. Envoi des lettres-plafond à chaque ministre, fixant la limite supérieure des crédits de chaque mission et du nombre d'emplois pour l'année à venir. Les lettres sont également transmises aux commissions des Finances des assemblées ;
– Mai-juin : conférences budgétaires de deuxième phase entre la direction du Budget et les services des ministères pour arrêter la répartition des crédits par programmes.

Mai-août : Établissement du volet « performance » et finalisation des documents budgétaires

– Mai-juin : conférences de gestion publique entre les services de la direction du Budget et ceux des ministères pour finaliser les objectifs et indicateurs associés aux programmes ;
– Juin : présentation au Parlement, au cours du débat d'orientation budgétaire, des grande orientations du budget à venir et de la liste des objectifs et indicateurs retenus ;
– Juillet-août : élaboration du budget, réalisation des documents de la loi de finances (« bleus budgétaires », projets annuels de performance).

- **Septembre : Arbitrages ultimes et présentation du budget**

– Derniers arbitrages du Premier ministre sur le volet recettes du projet de loi de finances.
– Saisine obligatoire du Conseil d'État pour avis sur le projet de loi de finances.
– Adoption du projet de loi de finances initiale en Conseil des ministres.
– Présentation du budget à la presse et aux commissions des Finances des deux assemblées.

Phase parlementaire

- **Octobre à décembre : Examen du budget par le Parlement**

– **Dépôt du projet de loi de finances initiale** sur le Bureau de l'Assemblée nationale (avant le premier mardi d'octobre).
– **Discussion et vote du projet dans les deux assemblées** : en première lecture, pas plus de 40 jours à l'Assemblée nationale et de 20 jours au Sénat, puis convocation d'une commission mixte paritaire. Au total, le Parlement ne doit pas dépasser un **délai de 70 jours après le dépôt du projet.** Sinon, les dispositions du projet de loi de finances initiale peuvent être mises en œuvre par ordonnances, c'est-à-dire par l'exécutif seul. Jusqu'à maintenant, le délai de 70 jours a toujours été respecté.
– **Éventuellement, saisine du Conseil constitutionnel** par les parlementaires pour faire annuler une disposition de la loi de finances contraire à la Constitution.
– Publication de la loi de finances au ***Journal officiel*** (avant le 31 décembre).

Comment se présente un projet de loi de finances ?

Les projets de loi de finances (PLF) et leurs annexes se présentent sous la forme de fascicules de couleur bleue, les «**bleus budgétaires**».

Ils répondent à des contraintes strictes de présentation, liées aux règles de vote particulières des lois de finances :
– En introduction, un exposé des motifs présente les orientations générales du projet.
– **La première partie, «conditions générales de l'équilibre financier», a plutôt trait aux recettes.** Elle autorise la perception des impôts existants, énumère l'ensemble des mesures fiscales et détermine, dans un «article d'équilibre» qui fixe à chaque catégorie de dépenses un plafond, les conditions de l'équilibre général du budget. Cet article autorise l'État à émettre des emprunts afin de financer le déficit.

– **La seconde partie, relative aux dépenses,** ne peut être discutée avant l'adoption de la première partie. Elle porte sur les « moyens des politiques publiques et dispositions spéciales », à savoir l'ensemble des moyens des ministères. Auparavant, elle fixait le montant des crédits reconduits automatiquement d'une année sur l'autre (services votés), et des mesures nouvelles. La loi organique relative aux lois de finances (LOLF) a supprimé cette distinction pour faire voter dès le premier euro. Enfin, sont présentées les opérations à caractère temporaire et les dispositions permanentes (fiscales et non fiscales) qui n'ont pas d'impact financier sur l'année du PLF.

– Enfin, des **états législatifs annexés** développent certains articles du PLF.

De nombreux documents accompagnent le PLF :

– fascicules bleus : outre le PLF lui-même, ils comprennent le rapport économique, social et financier et des annexes explicatives (ex : répartition des crédits, fascicule des « voies et moyens » détaillant le contenu et l'évolution des recettes de l'État);

– fascicules jaunes (ou annexes générales) informant le Parlement sur les politiques publiques;

– depuis 2002, un rapport sur les prélèvements obligatoires et leur évolution.

Qu'est-ce qu'un collectif budgétaire ?

Le « collectif budgétaire » est l'expression employée communément pour qualifier les lois de finances rectificatives (LFR). Ces lois sont les seules permettant de modifier, en cours d'année, les dispositions de la loi de finances initiale (LFI) concernant notamment le plafond des dépenses du budget de l'État et les données générales de l'équilibre budgétaire. Elles soumettent obligatoirement à la ratification du Parlement toutes les ouvertures de crédits opérées par décret d'avances (qui permettent au gouvernement, en cas d'urgence, de dépasser le montant des crédits limitatifs prévu par la LFI).

« Les lois de finances rectificatives sont présentées en partie ou en totalité dans les mêmes formes que la

loi de finances de l'année» (art. 35 de la loi organique du 1er août 2001 relative aux lois de finances). Des documents, justifiant ou détaillant les dispositions qu'elles contiennent, doivent leur être obligatoirement joints (ex : rapport présentant les évolutions de la situation économique et budgétaire).

Les collectifs budgétaires, soumis au Parlement en cours d'année, permettent :
– de **traduire une nouvelle orientation de la politique économique et budgétaire** lorsque des élections législatives ont provoqué un changement de majorité ;
– mais aussi de **s'adapter à la conjoncture économique**, lorsqu'elle modifie les conditions d'exécution de la LFI.

Traditionnellement, un collectif budgétaire est présenté en fin d'année («collectif de fin d'année») afin de régulariser les montants des crédits et de procéder aux ouvertures et aux annulations de crédits nouveaux en fonction de l'exécution de la LFI.

Qu'est-ce qu'une loi de règlement ?

La loi de règlement est **un des trois types de lois de finances** avec les lois de finances initiale et rectificative. À chaque fin d'année budgétaire, **elle arrête le montant définitif des dépenses et des recettes de l'État**, ratifie les opérations réglementaires ayant affecté l'exécution du budget, fixe le résultat budgétaire, décrit les opérations de trésorerie. Elle peut comprendre des dispositions sur l'information et le contrôle des finances publiques, la comptabilité et la responsabilité des agents.

Issue des états au vrai de l'Ancien Régime et de la loi des comptes votée à partir de 1818, la loi de règlement constitue un document comptable soumis à l'approbation du Parlement. Alors qu'elle devait être le support privilégié du contrôle parlementaire, elle a cédé le pas au vote annuel du budget, mais a retrouvé avec la LOLF une relative importance.

En effet, **la LOLF a enrichi le contenu comptable de la loi de règlement**. Elle comprend : un tableau de financement montrant la manière dont l'État finance son activité au cours de l'année, un compte de résultat, le bilan de l'État et une évaluation de ses engagements hors bilan. Elle s'accompagne de nombreuses annexes, notamment des rapports annuels de performance qui précisent, par programme (unité de répartition des crédits), les résultats atteints et permettent une évaluation de l'utilisation des crédits au regard des objectifs fixés.

La LOLF a également créé un « **chaînage vertueux** » en obligeant au dépôt de la loi de règlement avant le 1er juin de l'année suivant celle à laquelle elle s'applique, et à son examen en première lecture avant le vote du projet de loi de finances de l'année suivante. Ainsi, les parlementaires pourront contrôler l'exécution de l'année *n* avant d'envisager les crédits et les objectifs proposés pour l'année *n+2*.

Comment sont appliquées les lois de finances ?

Les crédits ouverts par les lois de finances sont mis à la disposition des ministres. Désormais, avec l'application de la loi organique relative aux lois de finances (LOLF) du 1er août 2001, le gouvernement répartit les crédits, dès la promulgation de la loi de finances de l'année, par programme pour chaque ministère (anciennement par chapitre) et, pour les opérations des comptes spéciaux, par compte.

La France applique le principe de la séparation des ordonnateurs et des comptables. **Les ordonnateurs prescrivent l'exécution des recettes et des dépenses publiques.** On distingue :

– les ordonnateurs principaux, à savoir les ministres, qui émettent des ordonnances de paiement, ordonnant au comptable le paiement d'une dépense, et des ordonnances de délégation, qui délèguent des crédits aux ordonnateurs secondaires ;

– les ordonnateurs secondaires, c'est-à-dire les préfets pour les services déconcentrés de l'État, les ambassadeurs pour les services à l'étranger, et des hauts fonctionnaires pour certains services de l'État à compétence nationale.

L'information budgétaire

La Déclaration des droits de l'homme et du citoyen du 26 août 1789 prévoit que « tous les citoyens ont le droit de constater, par eux-mêmes ou par leurs représentants, la nécessité de la contribution publique, de la consentir librement, d'en suivre l'emploi et d'en déterminer la quotité, l'assiette, le recouvrement et la durée » (article 14) et que « la société a le droit de demander compte à tout agent public de son administration » (article 15). L'État est donc dans l'obligation de produire, pour les citoyens ou leurs représentants, les documents d'information budgétaire qui justifient son usage des deniers publics.

Les sources de l'information budgétaire

L'information relative aux finances de l'État émane de plusieurs sources.

En premier lieu, le gouvernement produit différents documents budgétaires, parmi lesquels :

– les annexes « bleues » aux projets de loi de finances, qui développent les prévisions de cette dernière ;

– les « jaunes » budgétaires, qui retracent les crédits concourant à la réalisation d'une politique publique (ces documents peuvent par exemple récapituler les relations financières de la France avec l'Union européenne, ou préciser l'effort financier de l'État en faveur des petites et moyennes entreprises) ;

– d'autres rapports établis notamment à la demande du Parlement.

En second lieu, l'Assemblée nationale et le Sénat, tout particulièrement leurs commissions chargées des Finances, présentent à l'occasion de la discussion de chaque projet de loi de finances une analyse générale du contexte budgétaire, des mesures fiscales et des crédits proposés pour chaque programme et ministère.

Enfin, la Cour des comptes produit chaque année un rapport annuel sur l'exécution de la loi de finances de l'année précédente.

Les carences de l'information budgétaire

Les carences en matière d'information budgétaire sont importantes et procèdent surtout de l'archaïsme de la comptabilité de l'État. Celle-ci a pris un retard considérable par rapport à la comptabilité des autres pays de l'Organisation pour la coopération et le développement économiques (OCDE), mais aussi par rapport à celle des collectivités territoriales françaises. En effet, elle ne permet pas de connaître avec précision les coûts, les engagements, les risques et le patrimoine de l'État.

Les progrès enregistrés au cours des dernières années

L'information budgétaire destinée aux citoyens et à leurs représentants s'est toutefois améliorée ces dernières années.

Ainsi, depuis 1996, un débat d'orientation budgétaire a lieu chaque année, avant l'été, dans les deux assemblées. En outre, à l'issue de l'affaire de la « cagnotte budgétaire » en décembre 2000, au cours de laquelle le Parlement avait regretté l'insuffisance des informations qui lui étaient transmises, les commissions des Finances ont obtenu que leur soit transmise de manière systématique la situation hebdomadaire budgétaire et financière de l'État. Celle-ci décrit de manière synthétique le solde budgétaire de l'État, son financement, les dépenses et les recettes du budget général ainsi que la situation des comptes spéciaux du Trésor.

L'enrichissement de l'information prévu par la loi organique relative aux lois de finances

La loi organique relative aux lois de finances (LOLF) nº 2001-692 du 1er août 2001, qui s'applique entièrement depuis le budget pour 2006, vise notamment à améliorer l'information budgétaire.

– Les informations demandées au gouvernement à l'occasion de la présentation du projet de loi de finances sont considérablement enrichies. L'article 50 de la LOLF prévoit par exemple que le projet de loi de finances soit accompagné d'un rapport sur la situation et les perspectives économiques, sociales et financières de la nation, portant au moins sur les quatre années suivantes. Ce document est complété par un autre rapport retraçant cette fois l'ensemble des prélèvements obligatoires ainsi que leur évolution (article 52). Ces nouvelles dispositions permettent aux parlementaires de bénéficier d'une vision agrégée des finances publiques, qui n'est plus disponible aujourd'hui, du fait de la coexistence de la loi de finances de l'État et de la loi de financement de la Sécurité sociale.

– D'autre part, la LOLF prévoit la mise en œuvre d'une comptabilité analytique, permettant de mieux connaître les coûts des politiques publiques, et la mise en place d'une comptabilité générale, visant à enrichir la comptabilité de l'État d'éléments de nature patrimoniale, à l'instar de la comptabilité des entreprises. Ces deux comptabilités permettront notamment d'effectuer des comparaisons de coût entre plusieurs pays ou entre différents types d'organisation produisant un même service, ainsi que des comparaisons d'une année sur l'autre, de manière à suivre dans le temps l'évolution du patrimoine, des engagements et des charges de l'État.

– Enfin, les documents relatifs aux dépenses sont enrichis : les projets et les rapports annuels de performance permettent désormais de connaître les objectifs et indicateurs fixés pour chaque programme. De même, des « documents de politique transversale » permettent d'identifier les crédits affectés à une politique ne donnant pas lieu à un programme, et d'y adosser des objectifs et indicateurs.

Les limites actuelles de l'information budgétaire

L'information budgétaire se heurte toutefois à des limites résultant de plusieurs facteurs.

Tout d'abord, l'État bénéficie du monopole de la production des documents budgétaires et comptables qui servent de base au contrôle budgétaire. Par conséquent, la qualité de l'information budgétaire dépend du soin apporté par l'État au suivi et à la tenue des comptes publics.

Ensuite, une trop grande publicité de l'information budgétaire est susceptible de poser des problèmes, soit parce qu'elle peut avoir des conséquences sur le coût de financement de l'État (prime de risque à l'occasion de l'émission d'emprunts, par exemple), soit en raison de sujets à caractère secret comme la défense nationale ou la sécurité intérieure et extérieure de l'État (dépenses relatives aux services de renseignement, par exemple).

Les comptables dépendent généralement du ministère de l'Économie et des Finances. Ils **effectuent le paiement des dépenses présentées par l'ordonnateur,** après le contrôle de leur régularité et de la disponibilité des crédits.

▶▶ Dans la pratique, les crédits disponibles ne correspondent pas aux crédits ouverts par les lois de finances, compte tenu des reports de crédits de l'année antérieure, d'une part, et des mesures de «régulation budgétaire», d'autre part. Ainsi, le ministère du Budget peut prévoir la mise en réserve d'une partie des crédits (régulation), afin d'ajuster en cours d'année la dépense à la situation financière de l'État.

Qu'est-ce que le déficit budgétaire ?

▶▶ **Le déficit budgétaire est la situation dans laquelle les recettes de l'État** (hors remboursement d'emprunt) **sont inférieures à ses dépenses** (hors emprunt) **au cours d'une année**. C'est donc un solde négatif.

Le déficit budgétaire se différencie du déficit public, car il n'englobe pas le solde des recettes et des dépenses des collectivités territoriales et de la Sécurité sociale.

Il équivaut au besoin de financement de l'État et se traduit par le montant des emprunts nouveaux qu'il doit contracter au cours de l'année. Les lois de finances peuvent prévoir un déficit et autoriser l'État à emprunter à hauteur de ce besoin de financement. La France connaît un déficit budgétaire continu depuis plus de 25 ans, qui gonfle l'encours de sa dette (montant total des emprunts).

▶▶ Selon les économistes, **le déficit budgétaire peut jouer différents rôles**. Pour John Maynard Keynes, il peut stimuler la croissance et l'emploi dans une économie en récession. En revanche, les libéraux insistent sur les effets néfastes de l'accroissement de la dette publique.

▶▶ **La participation de la France à la monnaie unique européenne lui impose le respect d'une discipline économique et budgétaire**. Les termes en ont été fixés par le traité de Maastricht en 1992 et le pacte de stabilité et de croissance, conclu à Amsterdam en 1997 et assoupli en 2005 à Bruxelles. Il s'agit d'obtenir des finances publiques saines, en évitant les déficits publics excessifs, donc les déficits budgétaires. Le déficit public, à savoir le déficit cumulé des administrations publiques (État mais aussi collectivités territoriales et organismes de Sécurité sociale), est jugé excessif à partir d'un seuil de 3 % du produit intérieur brut, qui peut toutefois être dépassé dans certaines circonstances.

La politique budgétaire

La politique budgétaire constitue, avec la politique monétaire, l'un des principaux leviers de la politique économique de l'État. Elle consiste à utiliser certains instruments budgétaires (dépenses publiques, endettement public, prélèvements fiscaux) pour influer sur la conjoncture économique.

Jusqu'à la crise des années 1930, la gestion des finances publiques a eu pour principal objectif d'assurer le financement des services publics. Le volume des dépenses de l'État n'était alors pas considéré comme une variable susceptible d'influencer le niveau d'activité de l'économie. L'analyse de l'économiste britannique John Maynard Keynes a modifié cette conception en soulignant l'impact de la politique budgétaire sur le niveau d'activité économique d'un pays. Par conséquent, la plupart des pays développés ont mené depuis les années 1930 des politiques de relance budgétaire lors des périodes de récession ou de moindre croissance. À compter de la crise consécutive au choc pétrolier de 1973, les théoriciens néoclassiques ont cependant souligné les limites de la politique budgétaire et, notamment, les effets néfastes des déficits et de la dette publique.

Les stabilisateurs budgétaires automatiques

Les recettes et les dépenses publiques exercent spontanément une action contra-cyclique sur l'activité économique, c'est-à-dire d'atténuation des aléas de la conjoncture économique.

En effet, si une grande partie des dépenses publiques sont indépendantes des variations à court terme de l'activité économique (ex : les dépenses de rémunération et de retraite des fonctionnaires), certaines d'entre elles sont, en revanche, mécaniquement liées à la conjoncture. C'est notamment le cas des dépenses d'indemnisation du chômage ou des prestations sociales versées sous condition de ressources, qui augmentent quand l'activité économique se dégrade. On considère ainsi que l'élasticité des dépenses publiques à la conjoncture est comprise entre 0,1 et 0,3, autrement dit, les dépenses publiques ont tendance à augmenter spontanément de 0,1 à 0,3 point lorsque la croissance ralentit d'un point.

Lorsque l'activité économique ralentit, les dépenses publiques ont tendance à s'accélérer tandis que les entrées de recettes ralentissent mécaniquement, ce qui provoque une détérioration du solde budgétaire. Dès lors, le montant des recettes fiscales diminue et le volume de dépenses publiques augmente. La détérioration de l'activité économique provoque alors un transfert de revenus des administrations publiques vers les ménages et les entreprises, ce qui atténue mécaniquement l'effet du ralentissement économique sur les revenus de ces derniers.

À l'inverse, en période de forte expansion économique, les prélèvements fiscaux et sociaux augmentent mécaniquement, tandis que les dépenses diminuent, ce qui a tendance à freiner la croissance de la demande intérieure.

Par conséquent, les recettes et les dépenses publiques fonctionnent comme des « stabilisateurs automatiques » puisqu'elles contribuent à amortir les variations conjoncturelles de l'activité économique. Cependant, ce mécanisme de stabilisation automatique ne fonctionne pleinement que si les ménages et les entreprises ne modifient pas leur comportement de consommation, et si les taux d'intérêt ne sont pas affectés par la croissance de la dépense publique en période de récession.

Les politiques budgétaires volontaristes

En cas de forte dégradation de la conjoncture économique, les gouvernements peuvent être tentés de mener une politique budgétaire volontariste. Une telle politique consiste à soutenir l'activité économique à court terme, en faisant jouer le « multiplicateur keynésien ». On appelle « multiplicateur keynésien », le mécanisme macroéconomique mis en évidence par Keynes, qui permet de compenser la faiblesse des dépenses privées par un accroissement des dépenses publiques. En effet, une augmentation des dépenses publiques engendre des revenus supplémentaires qui sont pour partie consommés, pour partie épargnés, et pour partie récupérés par les administrations publiques sous la forme d'impôts et de cotisations sociales. Or, la partie de ces revenus supplémentaires qui est consommée vient nourrir la demande intérieure adressée aux entreprises. Ces dernières peuvent dès lors augmenter leurs investissements, leurs emplois, et distribuer des revenus supplémentaires. Le surcroît de dépenses publiques provoque par conséquent un effet cumulatif (un effet multiplicateur) qui stimule d'autant plus l'activité économique que les revenus sont peu épargnés, peu imposés, et que la demande de consommation s'adresse principalement aux entreprises nationales.

Les gouvernements peuvent également soutenir l'activité en réduisant les charges fiscales et donc en augmentant le revenu des personnes privées.

Cette politique stimule l'activité économique, mais dans une moindre proportion que la dépense publique, car une partie de ce revenu supplémentaire est immédiatement épargnée par les ménages et les entreprises.

Les limites de la politique budgétaire

Une politique budgétaire volontariste peut néanmoins avoir des effets défavorables sur l'activité économique. C'est d'ailleurs en raison de ces effets défavorables qu'elle tend aujourd'hui à être de plus en plus critiquée.

– Ainsi, les besoins de financement liés à l'accroissement des dépenses publiques provoquent généralement une hausse des emprunts de l'État et, du fait de cette demande supplémentaire adressée aux marchés de capitaux, des taux d'intérêt. Or, cette hausse des taux décourage une partie des achats des consommateurs financés par l'emprunt, et réduit les investissements des entreprises, lorsque leur rentabilité est insuffisante au regard du coût de financement par l'emprunt.

– De plus, la demande supplémentaire permise par l'augmentation des dépenses publiques doit s'adresser en priorité aux producteurs nationaux. Or, compte tenu de l'ouverture croissante des économies, l'effet du « multiplicateur keynésien » s'est réduit au cours des dernières décennies et profite désormais davantage aux producteurs étrangers.

– Par ailleurs, l'accumulation des déficits budgétaires vient gonfler l'encours de dette publique et augmente les charges futures de l'État. Or, plus un État est endetté, plus la charge de cette dette est élevée. Celle-ci pèse d'autant plus sur son budget qu'un niveau de dette important entraîne des taux d'intérêts élevés lorsque l'État veut contracter de nouveaux emprunts. À terme, le poids de la dette peut ainsi devenir insoutenable par rapport au niveau des recettes de l'État.

– En outre, les délais liés à la prise de décision politique font que les effets de la politique budgétaire peuvent être inadaptés à la conjoncture au moment où ils affectent les décisions des agents économiques.

– De plus, certaines dépenses publiques sont particulièrement rigides, et donc, difficilement réversibles en cas de retournement de la conjoncture.

– Enfin, en théorie, les politiques budgétaires nationales demeurent le principal instrument pour faire face à des chocs économiques ponctuels, car les gouvernements nationaux ne peuvent plus recourir à la politique monétaire pour influer sur les variations de la conjoncture économique dans le cadre de l'Union économique et monétaire (UEM). Mais, en réalité, les contraintes fixées par le traité de Maastricht et le pacte de stabilité et de croissance limitent l'utilisation de la politique budgétaire, en fixant un seuil maximal de déficit des administrations publiques à 3 % du PIB en cas de ralentissement de la croissance. Cette mesure se justifie par la volonté d'éviter qu'un pays fasse porter les effets négatifs de sa politique budgétaire (hausse des taux d'intérêts et du taux de change de l'euro) sur l'ensemble des pays de l'UEM.

Comment est financé le déficit budgétaire ?

Pour financer son déficit, l'État doit emprunter de l'argent sur les marchés financiers, et donc, s'endetter, car, depuis l'euro, il ne peut plus créer de monnaie. L'Agence France Trésor est chargée de couvrir le déficit budgétaire de l'année en cours, en s'endettant à court, moyen et long terme, et de gérer la dette de l'État. Celui-ci fait appel, comme les entreprises, à l'ensemble des instruments disponibles sur les marchés financiers afin d'emprunter dans les meilleures conditions.

En France, la structure de la dette s'est considérablement modifiée depuis le début des années 1980. L'État a recours de manière croissante au marché obligataire, marché où s'échangent les obligations procurant un revenu régulier –ou coupon – à leurs détenteurs.

Cette évolution a été rendue possible par le développement des instruments financiers et leur diversification. Ainsi, les obligations assimilables du Trésor, supports de l'endettement à long terme de l'État, peuvent être à taux fixe, à taux variable ou indexées sur l'inflation. **Le mode de financement de l'État se rapproche de celui des grandes entreprises** : réactivité par rapport au marché, diversité des modalités de financement, plus grande liquidité des titres émis.

Pour réduire le coût de la charge de la dette, **l'Agence France Trésor, a mis en place une politique de gestion active** destinée à réduire la durée de la dette et donc son coût. Conséquence de la création de la zone euro, en octobre 2001, la première obligation assimilable du Trésor indexée sur l'indice des prix de la zone euro a été lancée. Le gouvernement a également commencé à émettre des emprunts dans d'autres devises que l'euro.

Quelles sont les différences entre le déficit budgétaire et la dette de l'État ?

▸▸ **Le déficit budgétaire est la situation dans laquelle les recettes du budget de l'État sont inférieures aux dépenses**. Il s'agit donc d'un solde négatif.

Pour financer son déficit, l'État est obligé d'emprunter. **La dette de l'État** se définit donc comme **l'ensemble des emprunts effectués par l'État**, dont l'encours (montant total des emprunts) résulte de l'accumulation des déficits de l'État.

Elle ne doit pas être confondue :
– avec la dette extérieure, constituée de l'ensemble des engagements des agents économiques d'un pays (particuliers, entreprises..), et non seulement de l'État, vis-à-vis de prêteurs étrangers ;
– avec la dette publique, qui correspond à la dette de l'ensemble des administrations publiques, des collectivités territoriales et des organismes de Sécurité sociale.

▸▸ Par ailleurs, **le déficit budgétaire est un flux**, c'est-à-dire une grandeur économique mesurée au cours d'une période donnée (ex : un an), alors que **la dette est un stock**, à savoir une grandeur économique mesurée à un moment donné.

▸▸ **Ces deux données, bien que différentes, sont liées** : le flux du déficit budgétaire vient alimenter l'encours de dette, qui en retour agit sur le niveau de déficit par l'augmentation des intérêts versés, qui sont une charge (dépense) budgétaire (44,3 milliards d'euros, soit 11,6 % des dépenses budgétaires prévues en 2009, selon le projet de loi de finances).

La succession des déficits favorise l'apparition de nouveaux déficits. En effet, en gonflant la dette, elle provoque un effet « boule de neige ». La dette des administrations publiques s'accroît ainsi selon un processus auto-entretenu, la charge d'intérêt qu'elle produit conduisant à augmenter le déficit et donc à accroître encore l'endettement de l'État, et la charge des intérêts.

Budgets annexes et comptes spéciaux

Les budgets annexes et les comptes spéciaux – dénommés comptes spéciaux du Trésor dans l'ordonnance de 1959 – constituent des exceptions au principe de non affectation du budget, c'est-à-dire à l'interdiction d'affecter une recette à une dépense. Ils identifient ainsi certaines recettes et certaines dépenses du budget. Ils sont rassemblés avec le budget général dans la loi de finances ; en ce sens, ils constituent un aménagement du principe d'unité.

Si leur nombre a considérablement diminué depuis la Seconde Guerre mondiale, la loi organique relative aux lois de finances (LOLF) en a maintenu la possibilité pour limiter le recours à des procédés tendant à sortir des dépenses du champ du budget de l'État pour les faire supporter par d'autres acteurs (débudgétisations) ou à la création d'établissements publics – procédures moins transparentes et offrant moins d'informations au Parlement. Elle a donc cherché à en restreindre les conditions de recours et à en préciser les modalités de fonctionnement.

Les budgets annexes

L'ordonnance de 1959 les réservaient aux services de l'État non dotés de la personnalité morale et assurant une activité économique. On en comptait quatre : Journaux officiels, Monnaies et médailles, Aviation civile, Ordres de la Légion d'honneur et de la Libération.

La LOLF en a restreint le champ d'application, en les réservant aux services de l'État non dotés de la personnalité morale et réalisant une production de biens ou de services donnant lieu au paiement de prestations. Dans le PLF 2009 demeurent seulement deux budgets annexes : Contrôle et exploitation aériens et Publications officielles et information administrative. Certains de ces services pourraient être transformés en établissements publics ou en entreprises, de telle sorte que les budgets annexes pourraient, à terme, disparaître. Seule la loi de finances peut créer un budget annexe et lui affecter des recettes.

Les budgets annexes sont régis par des règles de présentation et de fonctionnement particulières, reflétant leur activité économique et commerciale. Ils comprennent une section des opérations courantes et une section des opérations en capital. Ils fonctionnent avec des crédits limitatifs – qui ne peuvent être dépassés au-delà du montant autorisé en loi de finances – auxquels s'applique la fongibilité asymétrique – qui permet de réutiliser des économies au profit des dépenses autres que de personnel. Ils sont présentés en autorisations d'engagement et en crédits de paiement, et sont répartis en programmes. Chaque budget annexe est assimilé à une mission et fait l'objet d'un vote.

Leur comptabilité doit se rapprocher du plan comptable général. Ils doivent être en équilibre comptable et affecter à leur désendettement les surplus de recettes constatés au cours de l'exercice.

Les comptes spéciaux

Créés à l'origine pour retracer de simples mouvements de fonds provisoires, les souplesses offertes par les comptes spéciaux du Trésor en firent un instrument très utilisé. Ainsi, on en comptait environ 400 en 1947, avant que leur nombre diminue. L'ordonnance de 1959 chercha à rationaliser et à encadrer leur utilisation : en réservant leur création à la loi de finances (et non à la voie réglementaire), puis en les soumettant à la règle de l'annualité (même si leur solde est reporté sur l'exercice suivant) et au contrôle parlementaire.

L'ordonnance de 1959 prévoyait six catégories de comptes :

– les comptes d'affectation spéciale (CAS) concernent des opérations à caractère définitif et ne peuvent résulter que d'une proposition gouvernementale. Ils peuvent être d'une certaine importance financière (la gestion de la redevance ou les recettes de privatisations sont retracées dans un CAS) ou bien plus mineurs, mais concerner un secteur particulier (soutien au cinéma, courses et élevages). La LOLF oblige à ce qu'il y ait un lien direct entre la recette et la dépense ;

– les comptes de commerce « retracent les opérations de caractère industriel ou commercial effectuées à titre accessoire par des services de l'État ». La loi de finances fixe un plafond de découvert et les prévisions de dépenses sont évaluatives. La plupart concernent les armées (par exemple pour les opérations du service des essences) ;

– les comptes de règlement avec les gouvernements étrangers retracent les opérations réalisées dans le cadre d'accords internationaux. Le Parlement approuve un découvert global. Ils ne sont pas dotés de crédits ;

– les comptes d'opérations monétaires, et notamment le compte d'émission des monnaies métalliques et celui de la mise en jeu des garanties de changes ; ils fonctionnent comme les comptes de règlement ;

– les comptes de prêts retracent les opérations de prêts réalisées par l'État dès lors que le prêt excède quatre ans. Il s'agit surtout de prêts à des États étrangers réalisés dans le cadre de la politique commerciale ou d'aide au développement ;

– les comptes d'avances retracent les avances faites par l'État à des collectivités, organismes ou personnes privées.

La LOLF a rationalisé les comptes spéciaux en en restreignant le nombre de catégories à quatre :

– les comptes d'affectation spéciale ;

– les comptes de commerce ;

– les comptes d'opérations monétaires ;

– les comptes de concours financiers qui regroupent les comptes de prêts et d'avances.

Elle prévoit trois comptes en particulier : les CAS « Pensions », pour retracer les charges de pensions de l'État, et « Participations financières de l'État » pour retracer les recettes de privatisation ; le compte de commerce « Gestion de la dette et de la trésorerie de l'État ».

Les comptes spéciaux sont créés par la loi de finances. Ils ne peuvent comprendre de dépenses de personnel. Les comptes dotés de crédits sont présentés par programmes, gérés comme ceux du budget général. Pour les autres comptes, la loi de finances fixe un plafond de découvert. Chaque compte est voté séparément et est donc assimilé à une mission (regroupement de plusieurs programmes).

Qu'est-ce que le Trésor public ?

▶▶ Le Trésor public est connu des contribuables comme **l'organisme auquel ils envoient le règlement de leur impôt sur le revenu et de leurs contraventions**. Il n'a pas de personnalité juridique distincte de l'État : payer des impôts ou des amendes au Trésor public, c'est les payer à l'État.

Le terme de Trésor public désigne de manière plus générale :
– certains services de l'État : une administration centrale (la direction générale du Trésor et de la politique économique – DGTPE) et les « services du Trésor », notamment le réseau des comptables du Trésor qui dépendent en fait de la direction générale de la comptabilité publique (DGCP) ;
– ou certaines fonctions assurées par ces services.

▶▶ Les services du Trésor public remplissent trois fonctions :
– **caissier** : il gère le compte de l'État auprès de la Banque de France (principe de l'unité de caisse), recouvre la plupart des impôts et des recettes, paie les dépenses qui sont « ordonnancées » (prescrites) par les autres services de l'État (principe de séparation de l'ordonnateur et du comptable) et en contrôle la régularité ;
– **comptable** : il établit la comptabilité de toutes les personnes morales de droit public (ex : État, collectivités territoriales) ;
– **financier de l'État** : en émettant des emprunts ou en mobilisant les dépôts effectués par les « correspondants du Trésor » (ensemble des personnes ou organismes publics et para-publics qui ont la faculté ou l'obligation de déposer des fonds auprès du Trésor public).

▶▶ Par ailleurs, la DGCP exerce aussi une mission de conseil financier des décideurs publics, et la DGTPE est chargée du suivi du financement de l'économie, de la gestion des participations détenues par l'État-actionnaire dans des entreprises, et des relations monétaires et financières internationales.

Comment fonctionnent les budgets des pouvoirs publics ?

Les pouvoirs publics sont soumis à un **traitement budgétaire particulier**. Par pouvoirs publics, on entend la présidence de la République, l'Assemblée nationale et le Sénat, le Conseil constitutionnel, la Haute Cour de justice et la Cour de justice de la République. Ce traitement spécial est justifié par l'exigence **d'autonomie financière** liée à ces institutions, conséquence de leur soumission au principe de séparation des pouvoirs. Mais, ce traitement n'exclut pas l'information et le contrôle sur l'utilisation de ces crédits.

L'ordonnance de 1959 avait réservé le titre II des dépenses ordinaires aux pouvoirs publics. Avec la loi organique relative aux lois de finances (LOLF), ces crédits sont regroupés dans une **mission « Pouvoirs publics »** composée d'une ou plusieurs dotations spécifiques à chacune de ces institutions. S'y ajoutent celles pour la chaîne parlementaire et l'indemnisation des représentants français au Parlement européen. Les dotations sont de nouvelles unités de répartition des crédits. Elles sont dérogatoires aux « programmes » qui sont les unités de répartition de base, et, à leur différence, ne sont pas soumises aux exigences de performance. Ces crédits ne distinguent pas les dépenses de personnel des autres. Leur utilisation fait l'objet d'un compte rendu annuel et ils sont votés comme les autres crédits.

Les pouvoirs publics déterminent eux-mêmes le montant des crédits dont ils ont besoin. Il s'agit d'une procédure encadrée à l'issue de laquelle le gouvernement inscrit le montant demandé.

L'utilisation des crédits, soumise aux règles de la comptabilité publique avec certaines spécificités, **fait l'objet, dans chaque assemblée, d'un contrôle** par une commission parlementaire spécialement désignée. Elle vérifie et apure les comptes et donne *quitus* aux questeurs. La LOLF prévoit aussi une information publique annuelle sur l'emploi des fonds.

Les comptes de l'État

Comme toute organisation, l'État a besoin d'établir ses comptes et donc de se doter de règles pour le faire. Ainsi, la loi des comptes du 27 juin 1819 a créé le « compte annuel des finances », devenu compte général de l'administration des finances, adopté avec la loi de règlement et accompagné d'un rapport de la Cour des comptes. Au cours du XIXe siècle, se sont mis en place les principaux textes ayant trait à la comptabilité de l'État, notamment le décret de 1862 qui a constitué la « charte de la comptabilité publique » jusqu'au décret du 29 décembre 1962.

La loi organique relative aux lois de finances (LOLF) est venue bouleverser cette architecture, en mettant en place une nouvelle et triple comptabilité et en prévoyant également de nouvelles normes comptables pour l'État.

C'est la première fois que le législateur organique intervient ainsi sur la comptabilité, jusqu'alors organisée par décret, c'est-à-dire par l'exécutif. Ceci consacre le rôle de la comptabilité comme instrument de transparence et de pilotage des finances publiques.

La nouvelle comptabilité établit trois types de comptabilité pour l'État

Les comptes de l'État étaient critiqués notamment parce qu'ils ne reflétaient pas sa situation financière et patrimoniale réelle. La LOLF a modernisé en profondeur le cadre comptable de l'État afin d'en faire :
– un instrument d'information du Parlement et du citoyen sur la situation financière et patrimoniale de l'État et sur ses engagements ;
– un outil de décision pour les gestionnaires, en mettant notamment en lumière les conséquences pluriannuelles de leurs actes et en lui permettant de mesurer l'efficacité et la performance de son action.
Les comptes de l'État sont destinés à retracer l'exécution du budget, qui constitue pour sa part un acte d'autorisation. La loi organique distingue trois types de comptabilité :
– la comptabilité budgétaire de caisse, destinée à suivre quotidiennement la situation de trésorerie de l'État ;
– la comptabilité d'exercice en droits constatés, qui permet d'appréhender les droits et obligations de l'État. Elle se tient selon les principes des nouvelles normes de comptabilité publique, inspirée du plan comptable général qui s'applique aux entreprises ;
– la comptabilité analytique qui permet de retracer, selon les besoins des gestionnaires publics et du Parlement, le coût des actions de l'État.

Ce dispositif entend notamment décrire la situation patrimoniale de l'État, c'est-à-dire l'ensemble de ce qu'il possède (terrains, immeubles, créances) et de ce qu'il doit (emprunts, dettes). La synthèse des informations contenues dans la comptabilité générale figure dans les documents comptables de l'État, présentés chaque année au Parlement :
– son compte de résultat, constitué de trois parties distinguant les charges de fonctionnement (ex : les charges de personnel ou les dotations aux

amortissements et aux provisions), les charges d'intervention (ex : les transferts aux ménages, aux entreprises et aux collectivités territoriales) et les charges financières (intérêts de la dette, pertes de changes). Ces charges sont mises en regard des ressources de l'État, notamment fiscaux;

– son bilan, qui présente un tableau de la situation nette décrivant l'évolution des actifs, de la trésorerie, des dettes, des provisions et des autres passifs de l'État;

– le tableau des flux de trésorerie liés à l'activité, aux opérations d'investissement et aux opérations de financement;

– une annexe au bilan retrace ses engagements financiers hors-bilan (ex : charges futures de retraite).

La LOLF impose aux comptes de l'État de respecter les principes comptables classiques : être réguliers et sincères, donner une image fidèle du patrimoine et de la situation financière de l'État.

Elle prévoit enfin que la Cour des comptes certifie les comptes de l'État. Auparavant, elle se contentait de confronter le compte général de l'administration des finances aux comptes des différents ministères et d'établir la « déclaration générale de conformité » transmise au Parlement. Depuis le budget 2006, elle doit certifier les comptes de l'État au regard du respect des principes et des normes comptables.

Les nouvelles normes applicables aux comptes de l'État

La LOLF prévoit la mise en œuvre d'une comptabilité dont les règles rejoignent celles applicables aux entreprises. Cependant, elle admet que des spécificités des normes comptables publiques justifient des dispositions particulières. Elles concernent ainsi le traitement des impôts, pour lesquels aucune norme n'existe dans le secteur privé, et les méthodes d'évaluation des immobilisations corporelles, comme les immeubles détenus par l'État, pour lesquelles une solution originale d'évaluation à la valeur de marché a été retenue afin de permettre une gestion dynamique par les services.

Le travail d'élaboration de ces nouvelles normes a permis de distinguer treize normes comptables qui explicitent le cadre conceptuel et les principes retenus. Elles concernent : les états financiers, les charges, les produits régaliens, les produits de fonctionnement, d'intervention et financiers, les immobilisations incorporelles, les immobilisations corporelles, les immobilisations financières, les stocks, les créances de l'actif circulant, les opérations de trésorerie, la dette financière, les provisions pour risques et charges, les dettes non financières et les autres passifs, ainsi que les engagements à mentionner dans l'annexe.

Ces normes servent de base à l'élaboration du nouveau plan comptable général de l'État et à la certification des comptes par la Cour des comptes. Elles ont également été appliquées lors de la préparation des comptes de 2006 publiés en 2007, les premiers à être élaborés selon les nouvelles règles découlant de la LOLF. En particulier, il convient d'établir le bilan d'ouverture, premier bilan de l'État, pour lequel il faut notamment identifier, recenser, et évaluer ses immobilisations corporelles, à commencer par son parc immobilier.

La LOLF ou loi organique relative aux lois de finances

Pourquoi fallait-il réformer l'ordonnance de 1959 ?

L'ordonnance de 1959 est abrogée depuis le 1er janvier 2005. Plusieurs raisons ont conduit à la réformer.

» Les **gestionnaires critiquaient le texte**. Ils le trouvaient très juridique, fixant des règles précises au prix d'une déresponsabilisation des acteurs, et dont certains concepts (notamment l'emploi public) n'étaient qu'imparfaitement respectés. L'ordonnance de1959 n'a pas non plus pu empêcher la persistance du déficit budgétaire, dont beaucoup estimaient que la résorption passait par de nouvelles méthodes de gestion inspirées d'autres pays.

» Le **Parlement** voulait pouvoir bénéficier d'une **meilleure information** et exercer un **meilleur contrôle** sur les finances publiques.

» Enfin, des **modifications profondes sont intervenues dans les finances publiques** :
– la décentralisation, qui augmente le poids financier des collectivités territoriales et complexifie leurs rapports financiers avec l'État ;
– le développement des finances sociales, avec la création des lois de financement de la Sécurité sociale ;
– l'influence de la construction communautaire, notamment de l'encadrement des politiques budgétaires nationales par le pacte de stabilité et de croissance.

Jusqu'ici, l'ordonnance de 1959 était caractérisée par sa stabilité car elle n'a été modifiée que deux fois, uniquement sur des points de procédure parlementaire. Mais elle était contestée depuis longtemps (environ trente-six projets de réformes ont échoué). Toutefois, le consensus autour de la nécessité de la réformer a permis d'élaborer la LOLF.

Comment la LOLF a-t-elle été préparée et adoptée ?

▶▶ Avant tout, la LOLF a pu être élaborée grâce à l'existence d'un consensus politique exceptionnel sur la nécessité de réformer l'ordonnance de 1959. Ce consensus s'appuyait d'abord sur les travaux de la Cour des comptes et du Parlement portant sur l'utilisation de l'argent public et la transparence en matière budgétaire.

Les **travaux de l'Organisation de coopération et de développement économiques (OCDE) promouvant une nouvelle gestion publique** ont aussi guidé l'élaboration de la LOLF. Ils ont démontré l'intérêt pour les États d'adopter une démarche de budgétisation par la performance, décrivant les politiques publiques, leur assortissant des objectifs, laissant aux gestionnaires une grande latitude dans l'utilisation des crédits, avec pour contrepartie un système de contrôle plus rigoureux.

Enfin, la LOLF s'est également inspirée des modernisations des procédures budgétaires et des méthodes comptables menées par de nombreux États depuis les années 1980.

▶▶ À la différence de tous les autres textes organisant les finances publiques, la **LOLF résulte d'une initiative parlementaire,** datant du 11 juillet 2000, et adoptée à la quasi-unanimité du Parlement. Le gouvernement ne déposa aucun amendement (proposition de modification du texte), négociant tout au long de l'examen avec les rapporteurs, le député Didier Migaud et le sénateur Alain Lambert. Ce processus contraste particulièrement avec celui qui a présidé à l'élaboration de l'ordonnance de 1959 qui n'associait pas le Parlement à sa rédaction.

Plusieurs principes assurèrent le succès de la réforme en évitant d'opérer des changements trop lourds : pas de révision constitutionnelle, notamment sur les prérogatives financières du gouvernement et du Parlement, et pas de modification des rapports avec les lois de financement de la Sécurité sociale.

Enfin, à la différence de l'ordonnance de janvier 1959, la LOLF fut soumise au Conseil constitutionnel qui la valida presque entièrement.

La gestion par la performance dans l'administration

La LOLF modifie en profondeur les modes de gestion de l'État en passant d'une logique de moyens à une logique de résultats. Pour cela, elle prévoit une présentation des crédits selon une nouvelle nomenclature, faisant référence à la finalité des dépenses, et des règles de gestion donnant une très grande liberté aux gestionnaires. Dès lors, sont soulevées des questions relatives à l'exercice de la responsabilité dans l'administration.

Une présentation des objectifs et des indicateurs de l'action publique

La nouvelle nomenclature en missions, programmes et actions apporte un gain en termes de lisibilité de l'action publique : elle permet de connaître les moyens affectés par l'État aux politiques qu'il conduit. La nomenclature précédente organisait les crédits par nature de dépenses (fonctionnement, investissements, etc.) et par ministères. Seuls quelques agrégats budgétaires donnaient une information sur les crédits affectés à des ensembles administratifs cohérents.

En regard des crédits, la LOLF prévoit un dispositif de définition et de suivi de stratégie de l'action publique : pour chaque programme, un projet annuel de performance définit des objectifs, dont la réalisation est mesurée par des indicateurs. À la fin de l'exercice, le rapport annuel de performance mentionne les résultats. Ces documents sont annexés au projet de loi de finances de l'année, comme au projet de loi de règlement, et servent de base au travail de contrôle du Parlement. Avec l'aide de la Cour des comptes, les parlementaires sont désormais en mesure de vérifier la formulation des stratégies, la pertinence des objectifs au regard de l'attente des citoyens, des usagers et des contribuables et de constater l'évolution des indicateurs.

Ces objectifs permettent d'aborder l'action publique de différents points de vue :
- par son efficacité socio-économique : par exemple, l'amélioration de l'élucidation des crimes et délits pour le programme « police nationale », mesurée par le taux d'élucidation ;
- par la qualité du service rendu : par exemple, la qualité du service de délivrance des autorisations d'urbanisme, mesurée par le pourcentage de dossiers respectant les délais réglementaires ;
- par l'efficience de la gestion : la maîtrise des coûts des administrations financières peut ainsi se lire dans les gains de productivité de celles-ci.

Le couple liberté/responsabilité

Chaque programme est dirigé par un responsable de programme, chargé de son animation et responsable de l'atteinte des objectifs fixés, sous l'autorité du ministre. Afin de lui donner les moyens d'accomplir cette mission, la LOLF lui accorde une très grande liberté de gestion en lui permettant de redéployer à sa guise les crédits dont il dispose à l'intérieur du programme, avec comme seule limite de ne pas dépasser le plafond fixé pour les dépenses de personnel, mais à la condition de rendre compte de sa gestion à la fin de l'exercice.

Le responsable de programme répartit ses crédits en budgets opérationnels de programme (BOP), élaborés au niveau pertinent de l'action publique (région, département, inter-régions, etc.). Il fixe à chaque responsable de BOP ses propres objectifs et organise un système de compte rendu lui permettant de piloter son programme. Ces objectifs, les indicateurs et les cibles de résultat doivent s'adapter au contexte de chaque BOP et correspondre à la réalité des leviers d'action mobilisables par le responsable du BOP. On peut aussi y adjoindre des objectifs intermédiaires, de production, d'activité ou de moyens, concourant à la réalisation des objectifs stratégiques du programme.

Par exemple, le programme « gestion fiscale et financière de l'État et du secteur public local » recouvre l'activité du Trésor public et des Impôts. Un de ses objectifs est relatif à la diminution des défaillances des déclarations de paiement. Il se mesure au plan national par le taux de recouvrement net de l'impôt sur le revenu. Mais au sein d'un BOP (une direction départementale des services fiscaux, une trésorerie générale), il s'accompagne de l'objectif opérationnel de sécurisation de l'identification des contribuables, qui se mesure, lui, par l'indicateur d'activité « proportion des particuliers contribuables dont l'état-civil a été vérifié par comparaison avec les bases de l'INSEE ».

Cette responsabilisation assortie d'une grande latitude d'utilisation des moyens doit permettre une amélioration de la gestion publique :
- en rapprochant les décisions de gestion du niveau pertinent ;
- en donnant plus de souplesse dans la gestion des crédits ;
- en intéressant les gestionnaires aux économies réalisées, et donc en favorisant l'optimisation du travail, en faisant bénéficier les agents des gains de productivité et en enrichissant le dialogue social au plan local.

La question de la responsabilité

Le succès de cette nouvelle gestion par la performance suppose la mise en place de mécanismes de responsabilité permettant de récompenser et de sanctionner les responsables de l'action publique :
- Le Parlement devra ainsi se pencher sur l'utilisation de l'argent public et l'atteinte des objectifs davantage que sur le pourcentage d'évolution des crédits.
- Les règles de la responsabilité des comptables publics et des ordonnateurs, et le mode de fonctionnement de la Cour des comptes et de la Cour de discipline budgétaire et financière devront s'adapter au nouveau contexte.
- Les responsables de programme et de BOP devront savoir comment, et par qui, et sur quels critères, ils seront évalués, peut-être en distinguant pour chacun ce qui relève d'une responsabilité de premier rang (par exemple la qualité de la gestion et du compte rendu). Cela s'accompagne aussi de nouveaux modes de rémunération et de gestion des ressources humaines.

Le succès de la gestion par la performance dans l'administration suppose donc une rénovation en profondeur des modes de gestion publique et, surtout, une claire élucidation, à tous les niveaux de l'État, des objectifs de l'action publique.

Quels changements interviennent dans la présentation des dépenses ?

La LOLF répartit désormais les crédits du budget général par missions, programmes et actions selon la finalité de la dépense :
– la mission regroupe un ensemble de programmes concourant à une même politique publique. Elle peut dépendre d'un ou plusieurs ministères. Les crédits sont votés par mission (unité de vote). C'est aussi par mission qu'on apprécie si un amendement parlementaire à augmenter ou non le niveau de la charge publique. En 2009, on compte 32 missions pour le budget général;
– le programme constitue l'unité de répartition de base des crédits (unité de spécialité). Il dépend d'un seul ministère. Il est le support de la gestion par objectifs. Il y en a 130 en 2009 pour le budget général. À leur côté, figurent également des dotations, qui sont des unités de spécialité particulières pour les dépenses des pouvoirs publics, la provision générale pour une revalorisation salariale et les dépenses accidentelles;
– l'action est un élément d'un programme. Elle n'a qu'un caractère indicatif et permet d'apporter des informations sur le contenu des programmes. On compte 596 actions dans le budget général de l'État pour 2009.

Parallèlement, au sein de chacun des programmes, les crédits sont ventilés entre 7 titres et 18 catégories **selon la nature de la dépense**. Cette répartition est indicative, sauf pour le titre 2 relatif aux dépenses de personnel, lesquelles constituent un plafond.

Par ailleurs, la présentation des dépenses, tout comme celle des ressources, doit être sincère. Ce principe de sincérité a été progressivement dégagé par la jurisprudence, mais est consacré par la LOLF.

Auparavant, de la Restauration à l'ordonnance de 1959, les dépenses étaient présentées par ministère (unité de vote avec le titre) et par chapitre (unité de spécialité).

Le texte de 1959 avait innové en organisant les crédits par ministères, puis par titre selon la nature de la dépense (personnel, fonctionnement, investissements, etc.) et par chapitre, unité d'exécution du budget pour les gestionnaires. Le budget de l'État comprenait environ 850 chapitres.

Comment le débat budgétaire s'organise-t-il désormais ?

Si la LOLF n'a pas modifié la structuration en deux parties de la loi de finances et l'obligation d'adoption de la première partie avant la seconde, **elle a modifié en profondeur les conditions de vote du budget**. Le nouveau mode de débat budgétaire est entré en vigueur pour la discussion sur le budget pour 2006.

▶▶ **Dans la première partie (recettes)**, outre les dispositions fiscales et l'article d'équilibre, **la LOLF a introduit le vote** :
- d'un plafond d'emplois rémunérés par l'État ;
- de chaque prélèvement sur recettes (ex : prélèvement au profit de l'Union européenne) ;
- du tableau de financement de l'État présentant la manière dont l'État finance les charges de l'année ;
- d'un plafond de variation nette de la dette, qui ne peut être dépassé, et qui matérialise l'accroissement de la dette au cours de l'année.

▶▶ **En deuxième partie (dépenses), la LOLF a remplacé le vote des services votés** (dépenses reconduites automatiquement d'une année sur l'autre représentant 90 % des dépenses du budget général) **puis des mesures nouvelles** – celles-ci par titre et par ministère – **par un vote « au premier euro »**. Il s'agit du vote de l'ensemble des crédits de chaque mission, y compris celles qui sont reconduites automatiquement. Surtout, à l'intérieur de l'examen de chaque mission, les parlementaires peuvent désormais proposer des redéploiements de crédits entre programmes.

▶▶ Si les conditions exactes du débat budgétaire sont déterminées par la pratique, **la LOLF en a considérablement modifié le cadre**. Les débats sur les dépenses sont plus dynamiques, centrés sur les objectifs des politiques publiques mais donnant aussi lieu à des amendements de crédits. Le débat budgétaire doit permettre de mieux aborder certains enjeux financiers majeurs comme l'emploi public ou la dette. Le vote des prélèvements sur recettes peut enfin susciter une discussion sur les relations financières entre l'État, les collectivités territoriales et l'Union européenne.

Quelles sont les évolutions concernant l'exécution des dépenses ?

La **LOLF a modifié en profondeur les conditions de l'exécution budgétaire**, notamment le rôle des différents acteurs de la dépense.

Ainsi, l'ordonnance de 1959 organisait l'exécution budgétaire autour des 850 chapitres (unités de spécialité), chacun correspondant à une nature de dépenses. **La LOLF confie ce soin aux 132 programmes**.

À l'intérieur de ceux-ci, le gestionnaire chargé de l'exécution du budget peut désormais librement affecter les crédits entre les différentes actions et les différents titres, mais aussi en leur sein, sous réserve de ne pas dépasser le plafond des dépenses de personnel (titre 2). C'est la **fongibilité asymétrique**. À la fin de l'exercice, il doit rendre compte de sa gestion : exposer les résultats obtenus et justifier les écarts par rapport aux prévisions.

Le Parlement accorde ainsi une grande confiance *a priori* au gestionnaire qui a pour corollaire un contrôle plus strict *a posteriori*. Dès lors, il faut revoir l'organisation de la dépense de l'État – qui réalise les différents actes de dépense – et décliner le principe de responsabilité tout au long de la chaîne hiérarchique, notamment par une plus grande déconcentration des crédits.

Avec la LOLF, **les crédits sont votés au Parlement par mission** et non par unité de spécialité, le programme, comme c'était le cas avec le texte de 1959 et les chapitres.

En contrepartie de l'élargissement du cadre de l'autorisation budgétaire donnée par le Parlement, celle-ci doit être mieux respectée en cours d'exécution du budget. Les possibilités de mouvements de crédits par voie réglementaire (transferts, virements, annulations, reports, décret d'avance), c'est-à-dire par décret ou arrêté du gouvernement et donc sans autorisation du Parlement, sont plus étroitement encadrées que dans le texte de 1959. Le Parlement est également mieux et plus régulièrement informé. Les reports et les annulations de crédits sont plafonnés.

Quels sont les changements en matière de contrôle du budget ?

L'application de la LOLF fait intervenir les trois modes de contrôle des finances publiques – administratif, juridictionnel et parlementaire. Ils vont connaître des évolutions dont les contours exacts restent à préciser au vu de la pratique.

▶▶ La nouvelle unité de spécialité, le programme, étant beaucoup plus large que le chapitre, et les gestionnaires bénéficiant d'une grande liberté, **les contrôles administratifs devront évoluer**. Cela passera par :
- l'assouplissement du contrôle financier réalisé avant chaque acte de dépense, appréciant notamment la régularité des procédures et la disponibilité des crédits ;
- le développement de modes de certification interne de la rigueur comptable et de méthodes de contrôle de gestion permettant un meilleur pilotage ;
- la mise en place d'outils d'évaluation propres à l'exécutif, notamment avec les inspections générales ministérielles.

▶▶ **Les contrôles juridictionnels** exercés par la Cour des comptes (juge des comptes) et la Cour de discipline budgétaire et financière (juge des ordonnateurs) devront évoluer vers moins de formalisme et vers la certification de la qualité des procédures de contrôle mises en place dans chaque ministère. En effet, des outils budgétaires et comptables informatiques intégrés ont été mis en place. Ainsi, un même acte de dépense déclenche l'imputation budgétaire (dépenser) et comptable (rattacher la dépense à un compte), opérations jusqu'alors séparées entre l'ordonnateur et le comptable. Parallèlement, les contraintes pesant sur les ordonnateurs ont diminué.

▶▶ Enfin, **le Parlement devra s'investir davantage** dans l'évaluation des politiques publiques, et, au côté de la Cour des comptes, dans le contrôle de la bonne utilisation des deniers publics notamment par l'audition fréquente des responsables administratifs.

Ces évolutions auront un impact sur la responsabilité dans l'administration, et, au-delà des irrégularités manifestes, sur la sanction de la mauvaise gestion ou de la non atteinte des objectifs.

Quel est l'impact de la LOLF sur la comptabilité de l'État ?

▶▶ La LOLF modernise la comptabilité publique, qu'elle consacre par un chapitre entier, en mettant en place trois types de comptabilités :

– **la comptabilité budgétaire** de caisse demeure. Elle permet de piloter le solde budgétaire (ce qu'il y a en caisse au 31 décembre) et de suivre l'état de la disponibilité des crédits à un moment donné ;

– **une comptabilité générale en droits constatés** est créée – fondée sur le principe du rattachement à un exercice budgétaire (une année) des charges et des ressources s'y rapportant, qui ont pu être payées ou perçues l'année précédant ou suivant l'exercice. Les gestionnaires peuvent ainsi prendre conscience des conséquences pluriannuelles de leurs décisions. L'État peut disposer d'une vision claire de ses engagements et de sa situation patrimoniale. À cet effet, l'État se dote de nouvelles normes comptables, inspirées de celles des entreprises ;

– enfin, les ministères sont incités à développer **des comptabilités analytiques** permettant de mesurer le coût des actions des programmes et, dans le cadre du contrôle de gestion, d'aider les responsables de programme à piloter leur action.

L'ordonnance de 1959 ne prévoyait, quant à elle, qu'une comptabilité de l'État fondée sur le principe des encaissements/décaissements, c'est-à-dire la comptabilisation des entrées et sorties d'argent sur une année.

▶▶ **La LOLF énonce aussi les principes comptables que l'État doit respecter** : ses comptes doivent être réguliers, sincères, donner une image fidèle de son patrimoine et de sa situation financière.

Pour appliquer ces dispositions, l'État doit moderniser ses systèmes d'information (outils informatiques de comptabilité, de paiement de dépenses, de perception de recettes, etc.) de façon aussi à ne pas multiplier les opérations et à faciliter la production de documents comptables.

L'impact de la LOLF sur les ressources humaines de l'État

La LOLF modifie la manière dont les effectifs et la masse salariale de l'État sont présentés et votés au Parlement. Elle constitue également une incitation très forte à une modernisation de la gestion des ressources humaines dans l'État.

La présentation des effectifs publics et des dépenses de personnel dans le budget de l'État

L'ordonnance de 1959 faisait voter par le Parlement les crédits de dépenses de personnel au sein du titre III, avec les autres moyens de fonctionnement du ministère, ainsi que le nombre et la répartition par corps et par grade des emplois publics. Ce mécanisme présentait plusieurs inconvénients :

– absence de consolidation de la masse salariale de l'État : elle était éclatée au milieu d'autres crédits, dépenses de fonctionnement, mais aussi crédits d'intervention (vacataires) et au budget des charges communes pour les pensions ou la contribution à la Caisse nationale des allocations familiales ;

– absence de prise en compte de la diversification des modalités d'emploi dans l'État (contractuels, personnels sous statut, vacataires, etc.) ;

– contraintes très fortes pour la gestion du personnel, enserrée dans les règles formelles de l'autorisation d'emplois budgétaires (fixation dans la loi de finances du détail de tous les emplois budgétaires, avec par exemple la répartition au sein d'un corps de fonctionnaires en fonction des grades) : au point que celles-ci étaient de plus en plus souvent contournées par les gestionnaires (transfert d'emplois aux établissements publics, embauche de contractuels, etc.).

La LOLF cherche à introduire transparence et souplesse en donnant au Parlement une vision plus complète du nombre d'emplois rémunérés par l'État – indépendamment de leur statut – et du volume de la masse salariale de ce dernier. Ainsi, les ressources humaines de l'État sont appréhendées dans les documents budgétaires par deux manières :

– chaque programme se voit rattacher les moyens humains affectés à la politique publique correspondante par le biais du volume de dépenses de personnel (regroupées au sein du titre 2 qui leur est dédié) et par l'information, dans les documents budgétaires, sur la répartition indicative des emplois, notamment par métier ;

– chaque ministère se voit affecter un plafond d'emplois rémunérés par l'État à ne pas dépasser, libre à lui de répartir ce volume d'équivalents temps plein (ETP) selon les besoins de l'action publique. Ces plafonds sont regroupés et votés en une fois dans la loi de finances de l'année. Les ETP remplacent les emplois budgétaires qui disparaissent.

La mise en place de ces dispositions suppose donc l'élaboration de nouveaux outils :

– les dépenses de personnel doivent être identifiées : elles regrouperont la masse salariale, mais aussi les cotisations et contributions sociales de l'État employeur, y compris les cotisations au titre des pensions et des prestations familiales ;

– les anciennes règles statutaires, notamment sur l'avancement, liées aux emplois budgétaires doivent être remplacées en raison de la disparition de ces derniers ;

– les ministères doivent décompter leurs emplois de manière précise et exhaustive ;

– ils doivent développer des systèmes d'information en ressources humaines permettant de gérer les emplois dans le nouveau contexte budgétaire.

De nouveaux modes de gestion des ressources humaines

Cette nouvelle présentation budgétaire, assortie de modes de gestion de l'administration par la performance, conduit à une modernisation de la gestion des ressources humaines au sein de l'État.

En effet, les gestionnaires bénéficient désormais de plus grandes souplesses dans la gestion de leur personnel. Ils peuvent ainsi choisir, dans le respect des règles du statut de la fonction publique, de recruter les personnes selon leurs compétences et leur expérience, en fonction de leurs besoins réels, dans le respect des règles de la Fonction publique, et indépendamment des questions de corps ou de grade (par exemple, on peut remplacer deux emplois de catégorie C par un de catégorie A). Ils peuvent faire des arbitrages au sein de la répartition des emplois, voire proposer des réorganisations en gardant le bénéfice des économies réalisées sur la masse salariale.

Au-delà des questions de gestion budgétaire, la mise en place de la LOLF est surtout l'occasion de déconcentrer et de rénover la gestion des ressources humaines. La responsabilisation des gestionnaires de programme et de BOP implique en effet qu'ils aient une vraie maîtrise de la gestion de leurs ressources humaines, ce qui suppose que le centre de gravité de cette gestion se rapproche du niveau local, et que les actes de gestion deviennent les plus déconcentrés possible. Ceci a des conséquences, par exemple, sur le niveau pertinent du dialogue social, des mutations, des promotions, etc.

Enfin, la mise en place de la LOLF fait naître des besoins nouveaux en termes de compétences et de formation, que la fonction publique doit prendre en compte, avec le développement des fonctions budgétaire et comptable, des métiers liés à la gestion publique (contrôle de gestion notamment) et la mise en place de nouveaux systèmes d'information. Ceci s'effectue dans un contexte de rénovation de la fonction publique, justifiée par les besoins de renouvellement démographique, la réforme de l'État et la nécessité d'optimiser la masse salariale croissante de l'État.

Les contrôles sur les finances de l'État

Quel contrôle est exercé par l'administration ?

Des contrôles sont exercés au sein de chaque administration, mais aussi par le ministère des Finances.

Le contrôle financier interne aux administrations de l'État a été réformé par le décret du 27 janvier 2005 en vigueur depuis le 1er janvier 2006. La logique de responsabilisation des gestionnaires de la LOLF a rendu indispensable cette évolution. Jusqu'ici, il était exercé au niveau central par des « contrôleurs des dépenses engagées » installés dans chaque ministère, mais dépendant hiérarchiquement du ministre des Finances. Ils vérifiaient la régularité des dépenses avant leur engagement par l'ordonnateur, dont ils tenaient aussi la comptabilité afin d'empêcher tout engagement de dépenses au-delà de l'enveloppe autorisée par le Parlement. Ce contrôle est désormais allégé et ne cherche plus à vérifier de façon exhaustive les actes d'engagements. Il est exercé par l'« autorité chargée du contrôle financier » (ACCF). Ses nouvelles missions relèvent pour l'essentiel de la prévention et de la maîtrise des risques financiers. Il est concrètement effectué par les contrôleurs budgétaire et comptable ministériel (CBCM) et par leurs services institués par le décret du 18 novembre 2005. Au nombre de 15, ils relèvent du ministre du Budget et sont placés auprès d'un ou plusieurs ordonnateurs principaux de l'État. Leur mission est d'assurer une vision globale des processus de la dépense et de la situation patrimoniale de chaque ministère. Ils ont à la fois la qualité de comptable public – et sont de ce fait assignataires, à compter du 1er janvier 2008, des ordres de dépenses et de recettes de l'ordonnateur principal – et d'ACCF. Ils coordonnent les trésoriers-payeurs généraux (TPG) de région, qui sont les ACCF pour les administrations déconcentrées, et les comptables publics des services déconcentrés du ministère auprès duquel ils sont placés.

Le contrôle externe aux administrations est exercé par des corps d'inspection dont le principal est l'Inspection générale des Finances (IGF). Ce corps, à vocation interministérielle directement rattaché au ministre des Finances, effectue des missions de contrôle sur place et sur pièces, afin de vérifier, à la demande du ministre, la gestion des deniers publics et de contrôler les organismes recevant des fonds publics.

▶▶ La **nouvelle gestion publique** introduite par la LOLF conduit donc à limiter la place du contrôle de conformité effectué par les contrôleurs financiers au profit d'un **contrôle *a posteriori* de l'efficacité de la gestion** et de la dépense publique.

Quels sont les pouvoirs de contrôle de la Cour des comptes ?

▶▶ La Cour des comptes « assiste le Parlement et le gouvernement dans le **contrôle de l'exécution des lois de finances et de l'application des lois de financement de la Sécurité sociale ainsi que dans l'évaluation des politiques publiques** » (art. 47-2 de la Constitution). Composée de magistrats inamovibles, elle est divisée en sept chambres, qui sont les formations délibérantes de droit commun, dans lesquelles se prennent les décisions relatives à l'activité juridictionnelle, et comporte un parquet.

▶▶ **La fonction initiale de la Cour est d'exercer un contrôle de régularité des comptes des comptables publics.** Les articles L. 111-1 et L. 111-3 du Code des juridictions financières précisent qu'elle « juge les comptes des comptables publics » et « vérifie [...] la régularité des recettes et des dépenses décrites dans les comptabilités publiques ».

Pour ce faire, elle analyse les comptes et les pièces justificatives présentés et examine l'équilibre des comptes. Si les comptes sont réguliers, la Cour prononce un arrêt de décharge à l'égard du comptable public. En revanche, elle le met en débet si des recettes ont été perdues ou si des dépenses ont été irrégulièrement effectuées. La responsabilité de l'agent comptable est donc à la fois personnelle et pécuniaire, en vertu du décret du 20 décembre 1962.

Le contrôle de la Cour des comptes est également étendu à toute personne intervenue illégalement dans la gestion des deniers publics : le comptable de fait se trouve alors soumis aux mêmes obligations et aux mêmes responsabilités qu'un comptable public.

▶▶ **La Cour exerce en outre un contrôle administratif de la gestion des organismes publics et parapublics**. D'après l'article L-111-3 du Code des juridictions financières, elle « s'assure du bon emploi des crédits, fonds et valeurs gérés par les services de l'État ». Ainsi, elle ne juge pas les ordonnateurs en tant que tels, mais vérifie le bon emploi des fonds publics, lors du jugement des comptes des comptables de l'État et des établissements publics ou, directement, en examinant la gestion des ordonnateurs.

Par ailleurs, depuis 1976, la Cour des comptes exprime son avis sur la régularité et la sincérité des comptes des entreprises publiques et propose, si nécessaire, des améliorations. Elle porte également un avis sur la qualité de la gestion de ces entreprises.

Depuis 1950, la Cour des comptes a reçu compétence pour contrôler les organismes de sécurité sociale, qui sont essentiellement des personnes morales de droit privé mais dont les ressources ressortissent de cotisations à caractère obligatoire.

Enfin, la Cour des comptes est compétente pour vérifier l'emploi des aides publiques, qu'il s'agisse de subventions ou de taxes parafiscales. À partir de 1991, cette compétence fut étendue aux organismes faisant appel à la générosité publique. La Cour est susceptible de saisir la Cour de discipline budgétaire et financière en cas d'irrégularités manifestes dans la gestion des ordonnateurs.

Qu'est-ce que la Cour de discipline budgétaire et financière ?

▶▶ La Cour de discipline budgétaire et financière (CDBF) a été créée par la loi du 25 septembre 1948, afin de **sanctionner les actes des agents publics, constituant des fautes lourdes ou des irrégularités, dans la gestion des finances publiques**. Cette juridiction administrative est présidée par le premier président de la Cour des comptes.

Son organisation a été réformée par le décret du 17 juin 2005 créant notamment deux sections.

Sont justiciables de la Cour : les membres des cabinets ministériels, les fonctionnaires et les personnes liées à un organisme soumis au contrôle de la Cour des comptes, dès lors qu'ils ont participé à des actes de gestion.

La majorité des saisines de la Cour de discipline provient de la Cour des comptes et des Chambres régionales des comptes. Des amendes peuvent être prononcées contre les coupables, assorties éventuellement d'une publication au *Journal Officiel*. Les arrêts de la Cour sont sans appel, mais peuvent faire l'objet d'un recours en révision, en cas de fait nouveau susceptible d'innocenter l'intéressé, ou d'un recours en cassation devant le Conseil d'État.

Le nombre de saisines de la Cour demeure limité, et une part importante d'entre elles ne donne pas lieu à une décision juridictionnelle. Les ministres et les exécutifs locaux, sauf exceptions, n'étant pas justiciables de la Cour, il suffit pour une personne mise en cause de justifier d'un ordre écrit et signé par eux pour que le classement de l'affaire soit prononcé.

Par ailleurs, le délai des procédures est souvent important, jusqu'à 3 ou 4 ans, ce qui a conduit la Cour européenne des droits de l'homme à sanctionner la France pour non respect du délai raisonnable.

Le Parlement exerce-t-il un contrôle sur les finances de l'État ?

L'article 14 de la Déclaration des droits de l'homme et du citoyen, selon lequel «tous les citoyens ont le droit de constater, par eux-mêmes ou par leurs représentants, la nécessité de la contribution publique, de la consentir librement, d'en suivre l'emploi...», rappelle que **le Parlement a pour vocation originelle de voter le budget et d'en contrôler la bonne exécution**. Ce contrôle, qui s'exerce en cours d'exécution du budget et *a posteriori*, lors du vote de la loi de finances de règlement, est renforcé par les dispositions de la loi organique relative aux lois de finances (LOLF) du 1er août 2001.

Les pouvoirs de contrôle du Parlement sont confiés, pour l'essentiel, aux membres des commissions des Finances des deux assemblées.

Ils peuvent :
- procéder à des investigations sur pièces et sur place, ou à des auditions, auxquelles les personnes convoquées sont tenues de se présenter;
- demander la communication de renseignement ou de document d'ordre financier et administratif, sous réserve des sujets à caractère secret;
- adresser, à la suite d'une mission de contrôle et d'évaluation, des observations notifiées au gouvernement, qui y répond, par écrit, dans un délai de deux mois.

Ils peuvent désormais aussi bénéficier de l'assistance de la Cour des comptes.

Les questions des parlementaires au gouvernement et les commissions d'enquête constituent également un moyen de contrôle.

La LOLF du 1er août 2001 fait de la loi de règlement un moment fort de la vie parlementaire. Les ministères doivent désormais présenter des rapports annuels de performance détaillant l'exécution budgétaire et les résultats obtenus par programme. Ces documents complètent le rapport annuel de la Cour des comptes sur l'exécution des lois de finances. Le Parlement approfondit donc son contrôle sur la gestion des crédits.

Les contrôles des finances de l'État : comparaisons internationales

Les modalités de surveillance et de contrôle de l'action gouvernementale par le Parlement varient selon les traditions et l'histoire politique et institutionnelle de chaque pays. De manière générale, les parlements votent et contrôlent l'exécution des lois de finances. Lors de l'exécution du budget, le contrôle *a priori* des dépenses (ou contrôle préalable) est assuré par des contrôleurs financiers dépendant du ministère des Finances, pour l'ensemble des ministères. La plupart des pays démocratiques disposent également d'institutions spécifiques qui sont chargées d'assurer un contrôle *a posteriori* portant sur la régularité et le bon usage de l'argent public, ainsi que de corps d'inspection internes directement rattachés aux ministres.

L'exercice du contrôle budgétaire dans les pays étrangers dépend de plusieurs facteurs :
– l'importance du rôle du Parlement en matière de vote et de contrôle de l'exécution du budget ;
– le statut des institutions chargées de la vérification des comptes et du bon usage des crédits publics ;
– le caractère plus ou moins démocratique du régime considéré.

Le statut des institutions chargées du contrôle des comptes et leurs relations avec le Parlement

Les relations entre les institutions de contrôle des comptes publics et les parlements diffèrent selon les pays :
– dans certains d'entre eux (ex : Royaume-Uni, États-Unis, Belgique), ces organismes rendent directement compte au Parlement ;
– dans d'autres (ex : France, Italie), elles sont entièrement indépendantes et assistent le pouvoir exécutif comme le pouvoir législatif.

De manière générale, lorsque l'institution de contrôle existait avant le Parlement, elle est restée indépendante de ce dernier, même si une mission d'assistance lui a ensuite été confiée (ex : les Cours des comptes française et italienne). En revanche, dans les États où l'institution de contrôle a été créée ou redéfinie plus tardivement, elle a généralement été placée dans une relative dépendance à l'égard du Parlement. C'est notamment le cas, à des degrés divers, de la Belgique, où la Cour des comptes est élue par la Chambre des représentants, mais aussi de l'Allemagne, de la Grande-Bretagne ou des États-Unis.

Par ailleurs, certaines institutions de contrôle des comptes disposent d'un pouvoir juridictionnel (comme la *Corte dei Conti* en Italie, le *Tribunal de Cuentas* en Espagne, et les Cours des comptes belge et française).

Enfin, si toutes ces institutions sont chargées de vérifier l'exactitude des comptes publics et la régularité des opérations budgétaires, la plupart d'entre elles se sont également vues confier la charge d'examiner le bon emploi de l'argent public.

Les moyens du Parlement en matière de contrôle budgétaire

En matière d'organisation interne au Parlement, plusieurs modèles existent : soit l'examen du budget peut être confié à plusieurs commissions sectorielles, soit il peut être confié à une commission spécialisée. En France, les commissions chargées des finances sont chargées d'examiner l'ensemble du budget. En Suède, la commission des Finances a en charge l'ensemble de la loi de finances tandis que les commissions sectorielles sont responsables de la répartition des différents chapitres au sein de leurs secteurs respectifs de dépense. Au Canada, chaque comité permanent de la Chambre des communes examine les dépenses qui relèvent de son mandat.

L'importance du contrôle exercé par le Parlement dépend pour l'essentiel de son influence sur l'élaboration et le vote du budget de l'État, mais également des moyens humains et juridiques dont il dispose pour contrôler le gouvernement.

L'extension historique des activités de l'État a quelque peu compromis la capacité des parlements et des instances spécialisées à contrôler le pouvoir exécutif, compte tenu de la multiplication des structures publiques. Certains Parlements ont ainsi choisi de réduire leur contrôle *ex ante* des dépenses publiques (examen approfondi des lois de finances) au profit d'un contrôle accru de l'exécution des lois de finances et de leurs résultats.

Certains pays disposent d'institutions spécifiques rattachées au Parlement et dotées d'un personnel spécialisé pour contrôler le gouvernement. C'est le cas, par exemple, du Congrès américain, qui a créé il y a 25 ans le *Congressional Budget Office*.

À ce jour, les tentatives pour créer un organe de contrôle dépendant du Parlement (Office parlementaire d'évaluation des politiques publiques, structure relevant des deux assemblées créée en 1996 et supprimée par la loi de finances pour 2001, Mission d'évaluation et de contrôle relevant de la commission des Finances de l'Assemblée nationale mise en place en 1999) n'ont jamais été véritablement couronnées de succès en France.

L'exemple des pays anglo-saxons

De ce point de vue, les parlements des pays anglo-saxons ont davantage d'instruments à leur disposition pour exercer un contrôle approfondi sur le budget de l'État.

En Grande-Bretagne, la commission parlementaire de contrôle des comptes publics (*Public Accounts Committee*) travaille en étroite collaboration avec l'équivalent de notre Cour des comptes, le *National Audit Office* (NAO). Créé en 1983, le NAO emploie près de 1 000 personnes et peut faire appel à des consultants extérieurs. Il rend compte au Parlement des dépenses publiques effectuées par les ministères et les agences. Par ailleurs, il effectue régulièrement des audits financiers ainsi que des contrôles portant sur la légalité et la régularité de la dépense publique. Ses rapports comportent de nombreuses recommandations d'économies, dont la plupart sont adoptées par le gouvernement. Enfin, au sein de chaque ministère, les comptables – qui dépendent hiérarchiquement du ministre des Finances – doivent répondre devant le Parlement de la comptabilisation des dépenses et de l'élaboration du système de gestion financière.

Aux États-Unis, le *General Accounting Office* (*GAO*), qui emploie près de 5 000 personnes, est chargé, à l'instar de notre Cour des comptes, de contrôler les comptes. Rattaché au Congrès, ses travaux de contrôle sont effectués, pour une large part, à la demande des parlementaires. Les membres du Congrès disposent ainsi d'un accès presque illimité à l'information publique et se voient remettre par le pouvoir exécutif près de 4 000 rapports par an. En outre, le *Congressional Budget Office* (*CBO*), qui emploie environ 230 personnes, est chargé de coordonner la procédure budgétaire, de contrôler l'exécution du budget et l'évolution des dépenses publiques. Ainsi, les moyens dont dispose le Congrès américain en matière budgétaire sont presque équivalents à ceux dont dispose l'exécutif.

CHAPITRE 3

LES FINANCES DES COLLECTIVITÉS TERRITORIALES*

B

Les ressources des collectivités territoriales

Que désigne-t-on par « autonomie financière » des collectivités ?

▸▸ L'autonomie financière des collectivités territoriales est conçue comme une **déclinaison du principe de libre administration des collectivités dans le domaine budgétaire et fiscal**. Employée dès les premiers débats portant sur la décentralisation, elle n'a été juridiquement définie que par la loi organique du 29 juillet 2004, après avoir été introduite dans la Constitution par la révision du 28 mars 2003.

▸▸ Le **nouvel article 72-2 de la Constitution renforce l'autonomie financière** des collectivités :

– les collectivités « bénéficient de ressources dont elles peuvent disposer librement » ;

– elles « peuvent recevoir tout ou partie du produit des impositions de toutes natures » et la loi peut les autoriser, dans certaines limites, à en fixer l'assiette et le taux ;

– « les recettes fiscales et les autres ressources propres des collectivités territoriales représentent, pour chaque catégorie de collectivités, une part déterminante de l'ensemble de leurs ressources » ;

* Source des données : Direction générale des collectivités locales, *Les collectivités locales en chiffres 2009*, avril 2009. La DGCL précise : « Les chiffres figurant dans cet ouvrage sont ceux qui étaient disponibles mi-février 2009. Les données des structures communales et intercommunales et de leur population sont établies au 1er janvier 2009, d'autres peuvent porter sur des années antérieures en fonction de leur cycle de production. »

– enfin, tout nouveau transfert de compétences doit s'accompagner de l'attribution de ressources équivalentes à celles consacrées à l'exercice de la compétence transférée par l'État.

La loi organique du 29 juillet 2004 relative à l'autonomie financière des collectivités territoriales, prise en application de cet article, **définit leurs ressources propres** (produit de certaines impositions). De plus, elle fixe un plancher en deçà duquel le degré d'autonomie financière des collectivités (mesuré par le rapport ressources propres sur ressources totales) ne peut descendre. Ainsi la part des ressources propres ne peut-elle être inférieure au niveau atteint en 2003.

▶▶ La définition juridique et le renforcement de l'autonomie financière des collectivités témoignent de la volonté de mettre un coup d'arrêt à la tendance observée ces dernières années d'une dépendance financière accrue des collectivités envers l'État. Cependant, les débats autour de cette notion ne sont pas clos. En effet, le renforcement de cette autonomie ne saurait profiter aux collectivités dont les ressources propres sont faibles.

QUIZ
Les ressources des collectivités

▸▸ **Question 1** : En 2006, les recettes de l'ensemble des collectivités territoriales et de leurs groupements à fiscalité propre sont évaluées à 189,64 milliards d'euros et à 199,79 milliards d'euros pour 2007. Mais quelle catégorie de collectivités en reçoit la plus grande partie ?
– les régions
– les départements
– les communes

▸▸ **Question 2** : Parmi ces trois types de ressources, laquelle est la plus importante dans le budget des collectivités territoriales ?
– les impôts et taxes
– les concours et transferts de l'État
– les emprunts

▸▸ **Question 3** : En 2006, quelle est la proportion de l'emprunt dans les recettes des collectivités ?
– 9 %
– 16,5 %
– 30 %

▸▸ **Question 4** : D'après vous, les concours financiers de l'État aux collectivités territoriales ont-ils augmenté ou diminué depuis 1982 ?
– augmentation
– baisse

Les réponses

▸▸ **Question 1** : Ce sont les communes qui concentrent la plus grande partie des ressources. De manière globale (chiffres 2006), les proportions sont les suivantes :
– les communes perçoivent environ 45 % de la totalité des recettes ;
– les départements 31 % ;
– les régions 11 %.

▸▸ **Question 2** : En 2006, 46,6 % des recettes des collectivités sont constituées par les impôts et taxes, soit 88,38 milliards d'euros. Pour 2007, leur part dans les recettes est estimée à 47,1 %, soit 94,09 milliards d'euros.

▸▸ **Question 3** : En 2006, l'emprunt représente 9 % de leurs recettes, soit 17,13 milliards d'euros. La part de l'emprunt dans les ressources des collectivités est assez stable (8 % en 2003, 8,8 % prévus pour 2007).

▸▸ **Question 4** : Ils ont augmenté. Ils étaient de 150,7 milliards de francs en 1982, soit 22,9 milliards d'euros, et évalués à 75,2 milliards d'euros en 2009.

Pour consulter la version animée du quiz :
http://www.vie-publique.fr/decouverte_instit/finances/finances_2_1_0_q0.htm#

Quelles sont les différentes ressources des collectivités ?

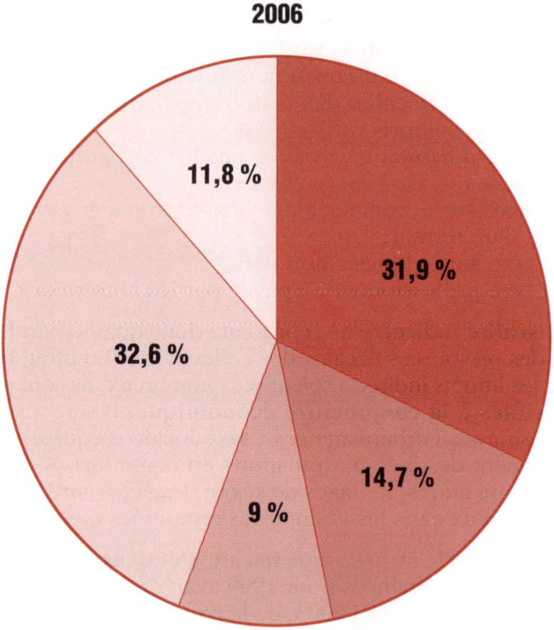

Légende :

- Impôts et taxes (fiscalité directe)
- Impôts et taxes (fiscalité indirecte)
- Emprunt
- Transferts et concours de l'État
- Autres ressources

Les impôts et taxes

Les impôts et taxes sont **la catégorie de ressources la plus importante** des collectivités. Pour l'année 2006, ils représentent 88,38 milliards d'euros, soit 46,6 % des recettes totales. Pour 2007, leur part est estimée à 47,1 %.

Il faut cependant distinguer les ressources provenant de la fiscalité directe, de celles provenant de la fiscalité indirecte. La **fiscalité directe** est principalement constituée de quatre taxes, qui constituent environ les trois quarts **des recettes fiscales** des collectivités, groupements de communes compris :
- la taxe d'habitation : payée par les particuliers et les entreprises;
- la taxe sur le foncier bâti : acquittée par les propriétaires d'un terrain;
- la taxe sur le foncier non bâti;
- la taxe professionnelle : payée par les entreprises.

La **fiscalité indirecte** ne représente donc qu'une part limitée des ressources fiscales des collectivités. En effet, bien que les impôts indirects soient plus nombreux, ils sont **plus sensibles à la conjoncture économique**. Beaucoup ont un lien avec l'urbanisme (ex : taxe locale d'équipement, versement destiné aux transports en commun). S'y ajoutent, entre autres, les taxes de séjour, les taxes sur la publicité, les jeux dans les casinos, les remontées mécaniques.

Depuis 1997, la pression fiscale s'était stabilisée. En effet, la loi de finances pour 1999 avait décidé la suppression progressive, d'ici 2003, de la part «salaires» des bases d'imposition à la taxe professionnelle, celle de la taxe additionnelle régionale aux droits de mutation et la réduction des droits d'enregistrement des départements pour des immeubles autres qu'habitation et garage. La loi de finances pour 2000 a ensuite élargi cette réduction à l'ensemble des immeubles (taux unique de 3,6 %). La loi de finances rectificative pour 2000 a supprimé la part régionale de la taxe d'habitation. Enfin, la loi de finances pour 2001 a supprimé la taxe différentielle sur les véhicules à moteur (vignette) des particuliers et des associations.

Ces allégements fiscaux ont été compensés par l'État devenu en quelque sorte le premier contribuable des collectivités. Ainsi, depuis 2004, la part des contributions de l'État représente un quart des recettes fiscales perçues par les collectivités au titre des quatre taxes directes. Enfin, en 2004, ces compensations fiscales versées par l'État, jusque-là hors enveloppe, ont été intégrées dans la dotation globale de fonctionnement (DGF). Mais depuis lors, les impôts progressent et de nouveaux transferts de fiscalité apparaissent pour compenser les transferts de compétences décidés par la loi du 13 août 2004 et garantir l'autonomie financière des collectivités.

Les transferts et concours de l'État

Les transferts et concours de l'État (dotations) constituent la **seconde catégorie de ressources** des collectivités territoriales en ordre d'importance. En 2006, ils représentaient 32,6 % des recettes totales et 61,8 milliards d'euros, hors fiscalité transférée. Ils sont estimés à 75,2 milliards d'euros pour 2009 en autorisations d'engagement. **Ils augmentent régulièrement** et modifient progressivement l'ordre d'importance des différentes ressources des collectivités.

Les transferts d'impôts aux collectivités et les dotations de l'État ont pour objectif de **compenser l'augmentation des dépenses, engendrée par les transferts de compétences** de l'État aux collectivités territoriales dans le cadre de la décentralisation, mais également les exonérations et dégrèvements d'impôts locaux décidés par l'État.

On distingue :
– les **dotations et subventions de fonctionnement** (ex : dotations globales de fonctionnement (DGF) des communes et groupement de communes à fiscalité propre, des départements et, depuis le 1er janvier 2004, des régions);
– les **dotations et subventions d'équipement** (ex : dotation globale d'équipement, fonds de compensation pour la taxe sur la valeur ajoutée);
– le **financement des nouveaux transferts de compétences** (ex : dotation générale de décentralisation de formation professionnelle) **et les compensations d'exonérations et de dégrèvements d'impôts** (dotation de compensation de la taxe professionnelle).

Les dotations sont **libres d'emploi**, c'est-à-dire qu'elles ne sont pas affectées à une dépense précise, et leur obtention est automatique. **Depuis 1996, l'État souhaite maîtriser**

l'évolution de ses dotations. C'est pourquoi il a mis en place, en 1996, un «pacte de stabilité», remplacé en 1999 par un «contrat de croissance et de solidarité», couvrant la période 1999-2001 et reconduit jusqu'en 2007. Depuis 2008, il a pris le nom de «contrat de stabilité».

En 2004, la loi de finances a établi une nouvelle architecture des dotations de l'État aux collectivités territoriales. Ainsi, la DGF regroupe désormais :

- les compensations fiscales liées à la suppression d'impôts et jusqu'ici hors enveloppe (ex : compensation de la suppression de la «part salaires» de la taxe professionnelle);
- 95 % de la dotation générale de décentralisation (DGD) qui figurait auparavant dans la catégorie des financements de transferts de compétences.

Il était aussi mis fin à différents fonds, dont la DGF reprend l'essentiel :

- fonds national de péréquation de la taxe professionnelle (FNPTP);
- fonds national de péréquation (FNP);
- fonds de correction des déséquilibres régionaux (FCDR).

La loi de finances pour 2005 a constitué la seconde étape de la réforme des concours financiers de l'État. Elle a modifié des règles internes des dotations, comme les critères de répartition ou les formules de calcul. Enfin, la loi de finances pour 2006 a réformé les dotations d'équipement et a poursuivi la traduction financière des transferts de compétence.

Le montant global de la DGF a donc doublé entre 2003 et 2004, passant de 18,8 milliards d'euros (32 % des concours financiers de l'État) à 36,8 milliards d'euros, soit 62 % du total. Pour 2009, elle est estimée à 40,8 milliards d'euros selon le projet de loi de finances, soit plus de 54 % des concours.

L'emprunt

L'emprunt est la **troisième ressource** des collectivités territoriales. En **baisse constante** depuis 1997, elle représentait en 2006, 9 % des recettes totales des collectivités, soit 17,13 milliards d'euros.

Les collectivités territoriales disposent d'une autonomie d'emprunt, c'est-à-dire qu'elles n'ont pas d'autorisation préalable à obtenir avant d'emprunter, mais l'emprunt est exclusivement affecté aux nouveaux investissements.

Pendant les années de forte croissance, les efforts d'équipement des collectivités territoriales ont été financés par un recours important à l'emprunt. Mais, dès la fin des années 1980, **la baisse de l'inflation a rendu la charge de la dette très lourde** pour les collectivités territoriales, ce qui n'a pourtant pas empêché la poursuite du recours à l'emprunt à un rythme soutenu jusqu'en 1992. Les effets de la crise économique ont ensuite incité les assemblées locales à restreindre leurs programmes d'investissement et le recours à l'emprunt qui en découlait.

Depuis 1997, les collectivités territoriales se sont engagées dans la **reprise de l'effort d'équipement**, mais en faisant davantage appel à leurs fonds propres.

Les autres ressources

Les autres ressources représentaient en 2006 11,8 % des recettes totales des collectivités territoriales. Parmi elles, on peut citer notamment les recettes tarifaires et patrimoniales et les fonds structurels européens.

Les recettes tarifaires proviennent principalement de la vente de biens ou de services aux usagers. Si les prix des services publics sont libres depuis 1987 (à l'exception des transports urbains et des cantines scolaires), ils ne couvrent cependant généralement pas le prix du service rendu. Les collectivités territoriales peuvent disposer également de revenus patrimoniaux (ex : communes forestières).

Les fonds structurels européens constituent l'apport le plus remarquable de l'Union européenne aux finances locales. La nouvelle génération de fonds (2000-2006) avait restreint le nombre de zones éligibles pour recevoir ces aides, mais un dispositif de soutien transitoire était mis en place pour celles qui en bénéficiaient jusque-là. La France a perçu au total pour cette période 16,145 milliards d'euros en prix 2004. Pour 2007-2013, 12, 704 milliards d'euros sont prévus en prix 2004, soit 14, 319 milliards d'euros en prix courants.

Comment ont évolué les ressources locales depuis 20 ans ?

Les évolutions des ressources locales ont été importantes, surtout à partir des années 1990, et ont principalement touché deux types de ressources : la fiscalité locale et les dotations de l'État.

▶▶ En effet, **dès 1991**, les collectivités ont enregistré les effets de la crise économique en matière d'impôts indirects. Assis sur l'activité économique (mutations immobilières, marché automobile), ils sont plus vivement touchés par la conjoncture que les impôts directs. **Jusqu'en 1996,** le «manque à gagner» a dû être compensé par un recours supplémentaire à l'endettement et à la pression fiscale directe. Mais **à partir de 1997**, toutes les collectivités ont limité la progression de leur pression fiscale. L'augmentation des taux s'est réduite en 1999 à environ +0,4 % toutes taxes confondues, et en 2000, on a assisté à un arrêt général de la croissance de la pression fiscale, sauf pour les régions.

▶▶ **À partir de 1999 s'est accéléré un mouvement**, esquissé dès le début des années 1990, **qui tend à remplacer une partie de la fiscalité locale par des dotations de l'État**. Les impôts locaux ont alors connu de profondes modifications (suppressions de la part «salaires» des bases d'imposition à la taxe professionnelle, de la taxe additionnelle régionale aux droits de mutation et de la vignette automobile pour les particuliers), qui sont compensées par des dotations de l'État. Ce dernier prend désormais en charge le tiers de la fiscalité locale, contre 10 % seulement il y a vingt ans.

Cependant, **ce mouvement a suscité des inquiétudes**. En effet, il menace l'autonomie financière des collectivités, risque d'affaiblir le lien entre le contribuable local et sa collectivité et de déresponsabiliser les acteurs locaux. D'où la volonté d'enrayer ce mouvement avec :

– **le contrat de stabilité** mis en place par la loi de finances pour 2008. Il permet de contrôler l'évolution des dotations de l'État aux collectivités, en la limitant au rythme de l'inflation. Toutes les dotations ne sont toutefois pas encadrées par ce contrat. Il succède au pacte de stabilité financière de 1996 et au contrat de croissance et de solidarité (1999-2007);

– la définition, par la loi organique du 29 juillet 2004, d'un seuil minimal au-dessous duquel le taux d'**autonomie financière** des collectivités ne peut descendre.

Quelles sont les ressources fiscales des collectivités ?

Les ressources fiscales des collectivités se décomposent en fiscalité directe et fiscalité indirecte.

La fiscalité directe comprend principalement quatre taxes directes et des prélèvements de moindre importance. Les quatre taxes directes sont :

– la taxe d'habitation, payée par les particuliers et les entreprises ;

– la taxe sur le foncier bâti, payée par les propriétaires du terrain ;

– la taxe sur le foncier non bâti ;

– la taxe professionnelle, acquittée par les entreprises.

Elles représentent près des **trois quarts des recettes fiscales des collectivités, groupements à fiscalité propre inclus :** elles sont estimées à 62,89 milliards d'euros pour l'année 2007 et à 65,72 milliards d'euros pour 2008. Parmi elles, la taxe professionnelle est la plus importante et représentait, à elle seule, 29,5 % des recettes fiscales, directes et indirectes, en 2007. Elle a connu cependant une baisse constante après sa réforme intervenue lors de la loi de finances de 1999, supprimant progressivement la part « salaires » jusqu'à sa disparition complète en 2003, et s'est stabilisée depuis.

Cependant, le 5 février 2009, le président de la République, Nicolas Sarkozy, a annoncé sa **suppression pour 2010**. Celle-ci devrait être compensée afin de respecter le principe d'autonomie financière garanti par la Constitution.

À ces quatre taxes, il faut ajouter les taxes d'enlèvement des ordures ménagères et diverses taxes spéciales pour un montant global de 12,6 milliards d'euros en 2007.

Le montant de la fiscalité locale directe pour l'ensemble des collectivités s'élève, pour l'année 2007, à 76 milliards d'euros.

▶▶ **La fiscalité indirecte représente une part limitée des ressources fiscales des collectivités**. En 2007, elle s'élevait à 24 milliards d'euros. Elle concerne principalement les droits de mutation à titre onéreux, la taxe sur les cartes grises, la taxe sur l'électricité et la taxe différentielle sur les véhicules de société à moteur ou vignettes, la vignette pour les véhicules particuliers ayant été supprimée par la loi de finances pour 2001. Cette fiscalité est très dépendante de la conjoncture économique.

Quels principes régissent la fiscalité locale ?

▶▶ **Les collectivités territoriales ne peuvent pas créer d'impôts nouveaux pour alimenter leur budget.** Cependant, depuis la loi du 10 janvier 1980, elles disposent de la liberté de voter les taux des quatre taxes directes. Mais la loi encadre cette liberté de limites précises, afin d'éviter des inégalités de traitement entre les contribuables et une trop forte croissance de la pression fiscale.

En effet, pour les communes, les taux de la taxe d'habitation (TH) et des deux taxes foncières ne doivent pas dépasser un plafond égal à deux fois et demie la moyenne nationale de l'année précédente ou de la moyenne départementale, si elle est plus élevée. Quant au taux de la taxe professionnelle (TP), il ne peut dépasser deux fois le taux moyen national de l'année passée. Les départements et les régions ne sont soumis à aucune limitation pour la taxe d'habitation et les deux taxes foncières, mais le taux de la TP voté par un département ou une région ne peut dépasser deux fois son taux moyen de l'année passée pour l'ensemble des départements ou des régions, selon le cas.

Ces taux sont « arrimés » les uns aux autres. Ainsi, depuis la loi de finances initiale pour 2003, les collectivités peuvent augmenter leur taux de TP dans la limite de 1,5 fois l'augmentation de leur taux de taxe d'habitation ou, si elle est moins élevée, de leur taux moyen pondéré des trois autres taxes.

▶▶ En revanche, **ce sont les directions des services fiscaux qui fixent les bases d'imposition des quatre taxes directes.** Par exemple, la revalorisation des valeurs locatives des propriétés bâties et non bâties est fixée par l'État, et non pas par les collectivités territoriales, qui ne peuvent que se baser sur les éléments transmis par l'État. Par ailleurs, la réforme de la TP intervenue en 1999, qui supprimait progressivement jusqu'en 2003 la part « salaires » dans le calcul de cette taxe, a été compensée par l'État (8, 94 milliards d'euros en 2003 : cette compensation a été intégrée à la DGF en 2004), mais elle a réduit la marge de manœuvre des collectivités dans la fixation annuelle de son taux.

- De plus, depuis la révision constitutionnelle du 28 mars 2003, les collectivités territoriales peuvent être autorisées par la loi, dans les limites que celle-ci détermine, à fixer l'assiette et le taux des impositions de toutes natures qu'elles reçoivent (article 72-2). **Cette réforme témoigne de la volonté politique de renforcer l'autonomie financière locale.**

Quelle réforme pour la fiscalité locale ?

La nécessité de réformer la fiscalité locale fait l'objet d'un consensus. En effet, celle-ci est critiquée sur plusieurs points : archaïsme des bases d'imposition, injustice et inégalités territoriales mais aussi entre contribuables, manque de lisibilité de la gestion locale, coût de gestion jugé excessif pour l'État. Pourtant, seuls des aménagements (exonérations, dégrèvements...), et non une réforme d'ensemble de la fiscalité locale, ont jusqu'à présent été mis en œuvre.

Trois voies de réformes peuvent être envisagées :

- **La suppression de la fiscalité locale** pour ne conserver que les dotations de l'État ou répartir les impôts nationaux entre l'État et les collectivités. Cette solution paraît inenvisageable en France, du fait de l'importance, et *a fortiori* de la consécration, du principe d'autonomie financière.

- **Le maintien de l'architecture d'ensemble de la fiscalité locale, mais en opérant des adaptations et des modernisations.** Chaque collectivité pourrait avoir le choix de réviser ou non les bases d'imposition (« révision d'initiative locale » proposée par le rapport Mauroy de 2000), ce qui serait une réponse à la critique d'obsolescence des bases d'imposition. De plus, le revenu pourrait être pris en compte dans l'assiette de la taxe d'habitation et celle de la taxe professionnelle étendue à l'ensemble de la valeur ajoutée, afin de tenir compte davantage de la capacité contributive des contribuables.

La refonte de l'architecture d'ensemble de la fiscalité locale :
– soit en adoptant le principe de spécialisation des impôts locaux par niveau de collectivité (proposition formulée dès 1976 dans le rapport « Vivre ensemble », puis reprise par le rapport Mauroy de 2000 et le rapport Valletoux du Conseil économique et social de 2006) ;
– soit en substituant de nouveaux impôts aux impôts locaux actuels, sous la forme de taxes additionnelles aux impôts nationaux, ou avec la création de nouveaux impôts locaux.

Qu'est-ce que la péréquation ?

La péréquation est un **mécanisme de redistribution qui vise à réduire les écarts de richesse, et donc les inégalités, entre les différentes collectivités territoriales**. La révision constitutionnelle du 28 mars 2003 l'a érigé en objectif de valeur constitutionnelle, puisque désormais « la loi prévoit des dispositifs de péréquation destinés à favoriser l'égalité entre les collectivités territoriales » (article 72-2).

Trois mécanismes de péréquation peuvent être distingués :
– la « **péréquation horizontale** » s'effectue entre les collectivités territoriales et consiste à attribuer aux collectivités défavorisées une partie des ressources des collectivités les plus « riches ». Elle concerne la taxe professionnelle. Elle est assurée par divers fonds départementaux, dont les plus importants sont les fonds départementaux de péréquation de la taxe professionnelle ;
– la « **péréquation verticale** » assurée par les dotations de l'État aux collectivités. La dotation globale de fonctionnement en est le principal instrument ;
– les **dispositifs de péréquation plus « ponctuels »**, lors de nouveaux transferts de compétence de l'État vers les collectivités territoriales, et qui permettent de moduler, selon la situation des collectivités, les crédits alloués par l'État pour la prise en charge de ces nouvelles compétences. Ainsi, lors de la création de l'allocation personnalisée d'autonomie, les crédits versés par l'État aux départements ont été modulés en fonction de leur potentiel fiscal.

L'effort de péréquation s'est certes accentué ces dernières années, **mais il demeure encore insuffisant et n'est pas assez ciblé.** Ainsi, selon une étude du Commissariat général du Plan de juillet 2004, les dotations de l'État ont-elles permis, en 2001, une réduction globale des inégalités de pouvoir d'achat de 40 % entre les communes et de 51 % et 54 % respectivement pour les départements et régions. Ces résultats dissimulent cependant de fortes disparités entre les collectivités. Si la loi de finances de 2004 a réformé l'architecture des dotations de l'État, celle de 2005 a rénové les règles internes des dotations et réformé les dotations de péréquation (ex : création de la dotation de péréquation urbaine pour les départements).

Quelle est l'importance du rôle de l'État auprès des collectivités territoriales ?

L'État est un financier. C'est le premier contributeur au budget des collectivités. Entre 1996 et 2009, les concours financiers de l'État aux collectivités territoriales, hors fiscalité transférée, sont passés de 37048 à 75231 millions d'euros, selon le projet de loi de finances pour 2009, soit une augmentation de 103 %. Cette évolution s'explique par la prise en charge étatique des multiples allégements, exonérations ou suppressions d'impôts locaux intervenus dans les années 1990.

Cependant, depuis 1996, l'État a cherché à réglementer cette évolution par l'établissement d'un « pacte de stabilité » suivi du « contrat de croissance et de solidarité ». Celui-ci devait prendre fin en 2001, mais a été reconduit chaque année jusqu'en 2007. Le PLF 2008 l'a remplacé par un « contrat de stabilité ».

Collecteur d'impôts et garant des recettes :

– L'État est le collecteur d'impôts pour la nation. À la fois pour des raisons historiques, « lever l'impôt » étant le moyen d'assurer ses missions régaliennes, mais aussi en raison du principe d'unité de caisse : seul le Trésor public est habilité à encaisser les recettes des impôts. Ce sont donc les services de l'État qui tiennent à jour les listes des contribuables et qui se chargent de recouvrer l'impôt. L'État prélève, pour assurer cette collecte, un pourcentage sur les montants reçus.

– L'État est aussi un garant des recettes pour les collectivités. Il leur garantit le montant intégral des impôts votés, et si les sommes effectivement perçues se révèlent inférieures au montant prévu, il comble la différence.

▶ **L'État joue également le rôle de «péréquateur»** entre les collectivités pour pallier l'inégalité des ressources fiscales. Par exemple, les communes les plus riches apportent alors des ressources aux plus pauvres.

Pourquoi l'État fait-il des dotations aux collectivités ?

Les lois de décentralisation ont transféré des compétences de l'État aux collectivités territoriales. Une augmentation de leurs ressources s'est donc révélée nécessaire. C'est pourquoi **l'État a compensé par des transferts d'impôts, mais aussi par des dotations ces dépenses nouvelles** des collectivités, et aide à leur développement. La loi du 7 janvier 1983 a réglementé ces modalités de compensation financière.

Les dotations de l'État répondent à quatre objectifs :

– aider au fonctionnement courant des collectivités : il existe diverses dotations, dont la plus importante est la dotation globale de fonctionnement (DGF). La loi de finances 2004 a établi une nouvelle architecture des dotations de l'État aux collectivités territoriales. Ainsi la DGF a-t-elle doublé entre 2003 et 2004 passant de 18,8 à 36,8 milliards d'euros. Dans le projet de loi de finances pour 2009, elle s'élève à 40,85 milliards d'euros (*cf.* Quelles sont les différentes ressources des collectivités? p. 106);

– aider à l'investissement : il s'agit des dotations et subventions d'équipement dont le montant pour 2009 s'élève à 8,90 milliards d'euros;

– financer des accroissements de charges résultant de nouveaux transferts de compétences (4,38 milliards d'euros pour 2009);

– compenser les exonérations et dégrèvements consentis par la loi. Dans le cas d'un dégrèvement d'impôts locaux, le manque à gagner pour les collectivités est intégralement compensé et pris en charge par l'État. Les exonérations d'impôts font l'objet d'une compensation forfaitaire.

Pour 2009, les compensations d'exonérations et de dégrèvements législatifs s'élèvent à 20,5 milliards d'euros.

▶▶ **L'État, souhaitant maîtriser l'évolution de ses dotations aux collectivités,** a mis en place en 1996 un «pacte de stabilité» remplacé en 1999 par un «contrat de croissance et de stabilité», qui devait prendre fin en 2001, mais qui a été reconduit chaque année jusqu'en 2007, avant d'être à son tour remplacé par un «contrat de stabilité» en 2008.

Quelles sont les dotations de l'État aux collectivités ?

Il existe différents types de dotations, mais les principales catégories sont :

▶▶ **Les dotations et subventions de fonctionnement :**

– La dotation globale de fonctionnement (DGF), créée en 1979, est la plus importante contribution de l'État aux collectivités. La loi de finances pour 2004 a modifié profondément son architecture. Son montant a ainsi doublé, passant de 18,81 milliards d'euros en 2003, soit 32 % des concours financiers de l'État, à 36,83 milliards (62 %) pour 2004. Elle s'élève à 40,85 milliards d'euros en 2009 (*cf.* Quelles sont les différentes ressources des collectivités? p. 106). Les collectivités peuvent l'employer librement. La DGF bénéficie aux communes, aux groupements de communes à fiscalité propre, aux départements et, depuis le 1er janvier 2004, aux régions.

– Le fonds national de péréquation de taxe professionnelle (FNPTP) a été remplacé, à l'occasion de la loi de finances 2004, par des dispositifs plus lisibles, et pour partie basculé dans la DGF. Il bénéficie aux communes ayant une insuffisance de potentiel fiscal ou qui subissent des pertes de la taxe professionnelle liées à des restructurations industrielles. La dotation pour 2003 s'élevait à 547 millions d'euros.

– Les autres dotations de fonctionnement : la dotation spéciale instituteurs (38 millions d'euros en 2009), en voie d'extinction à mesure de leur remplacement par des professeurs des écoles) ; la dotation «élu local» pour les communes de moins de 1 000 habitants les plus défavorisées ; le fonds de mobilisation départemental pour l'insertion, créé en 2006 et doté, en 2009, de 500 millions d'euros.

Les dotations et subventions d'équipement :

– La dotation globale d'équipement (DGE), d'un montant de 485 millions d'euros en 2009, est attribuée par les préfets aux départements, à certaines communes et groupements de communes sous conditions de ressources et de population, afin de les aider à financer leurs équipements et leurs infrastructures. La loi de finances pour 2006 a réformé les dotations d'équipement en supprimant notamment la première part de la DGE des départements.

– Le fonds de compensation de la taxe sur la valeur ajoutée (FCTVA), d'un montant de 5855 millions d'euros (hors plan de relance) en 2009, compense la TVA payée par les collectivités sur leurs dépenses d'équipement réalisées deux ans auparavant.

La dotation de développement rural, principalement destinée aux seuls groupements de communes à fiscalité propre exerçant une compétence en matière d'aménagement de l'espace et de développement économique et répondant à certaines conditions démographiques (131 millions d'euros en 2009).

Les dotations de compensation

Elles visent à compenser des pertes de recettes fiscales ou l'imposition, par l'État, de nouvelles charges aux collectivités. Il s'agit notamment de la dotation relative à la formation professionnelle (1 686 millions d'euros en 2009) et de la dotation générale de décentralisation (1 433 millions d'euros en 2009), cette dernière étant intégrée à hauteur de 95 % à la DGF depuis la loi de finances 2004.

Les collectivités sont-elles endettées ?

L'endettement des collectivités a été très important, mais a connu une diminution constante entre 1997 et 2002. En effet, malgré l'existence d'une autonomie d'emprunt pour les collectivités depuis les années 1980, la dette des collectivités a baissé durant cette période. Elle est passée de 92,35 milliards d'euros en 1997 à 86,96 en 2003, soit une baisse de 5,8 %. Depuis 2003 en revanche, le niveau d'endettement des collectivités a tendance à augmenter de nouveau. Au 31 décembre 2007, leur dette est estimée à 104,93 milliards d'euros.

Cependant, **il existe des différences de niveau d'endettement selon le type de collectivité.** Ainsi, en 2007, l'importance de l'annuité de la dette (remboursement du capital et des intérêts) dans les recettes de fonctionnement des collectivités était-elle estimée à :
- 11,8 % pour les communes;
- 5,9 % pour les départements;
- 9,2 % pour les régions.

Par ailleurs, le montant de la dette par habitant au 31 décembre 2007 était estimé à :
- 879 euros pour l'ensemble des communes, mais avec une grande disparité, puisque les communes les plus endettées sont celles de 50000 à 100000 habitants avec une dette de 1171 euros (en 2005);
- 347 euros pour les départements;
- 200 euros pour les régions.

Les collectivités ont recours à l'emprunt pour compléter leurs ressources. Il est caractérisé par plusieurs traits spécifiques :
- à la différence des recettes fiscales et des dotations de l'État, l'emprunt est une ressource «temporaire» car il faudra le rembourser;
- d'autre part, l'emprunt est exclusivement affecté aux nouveaux investissements des collectivités. Il ne peut donc pas financer les dépenses de fonctionnement.

Qu'est-ce que le Comité des finances locales ?

Créé par la loi du 3 janvier 1979, le Comité des finances locales (CFL) est un organisme destiné à **défendre les intérêts financiers des collectivités territoriales** et chargé de les concilier avec ceux de l'État.

Le CFL est composé de :
- **32 élus** représentant le Parlement et les différents exécutifs locaux (2 députés, 2 sénateurs, 2 présidents de conseils régionaux, 4 présidents de conseils généraux, 7 présidents d'établissements publics de coopération intercommunale et de 15 maires).
- **11 représentants de l'État** désignés par décret.

Le CFL est renouvelé tous les trois ans.

▸▸ Le CFL a **trois missions complémentaires** :
– il dispose d'un pouvoir de décision et de contrôle pour la répartition des principaux concours financiers de l'État (dotations et fonds de péréquation);
– il est consulté pour tous les textes réglementaires (décrets) ayant des conséquences financières pour les collectivités territoriales, et peut l'être sur les textes législatifs concernant les finances locales;
– il est une instance de concertation et de proposition sur les réformes touchant les collectivités territoriales (comptabilité, intercommunalité, etc.).

Il se réunit plusieurs fois chaque année, notamment dans le cadre de l'examen de la loi de finances de l'État. Il constitue une instance essentielle du dialogue financier entre l'État et les collectivités territoriales.

Le financement de l'intercommunalité

Le regroupement de communes au sein d'établissements publics de coopération intercommunale (EPCI) peut répondre à deux objectifs très différents :
– la gestion commune de certains services publics locaux ou la réalisation d'équipements locaux, de manière à mieux répartir les coûts et à profiter d'économies d'échelle. Dans ce cas, les communes recherchent une forme de coopération intercommunale relativement souple ou « associative »;
– la conduite collective de projets de développement local. En faisant ce choix, les communes optent pour une forme de coopération plus intégrée ou « fédérative ».

Le financement de l'intercommunalité ne sera pas le même suivant que le regroupement intercommunal est de type associatif ou fédératif.

Le financement des structures intercommunales associatives

Les structures intercommunales associatives, quelle que soit leur forme (syndicats à vocation unique ou SIVU, syndicats à vocation multiple ou SIVOM, syndicats mixtes), n'ont pas de fiscalité propre. Elles ne peuvent donc pas voter les taux d'imposition locale et ne disposent d'aucun pouvoir d'exonération fiscale. Leurs ressources proviennent principalement des contributions financières des communes adhérentes, auxquelles il faut ajouter les concours financiers de l'État ainsi que d'autres recettes.

Les contributions financières des communes appartenant à l'EPCI peuvent être budgétaires ou fiscalisées. Les **contributions budgétaires** sont des prélèvements effectués directement sur le budget de chaque commune qui sont ensuite reversés au groupement intercommunal. Les **contributions fiscalisées** sont des prélèvements additionnels effectués sur les contribuables locaux qui acquittent, en plus des impositions communales, départementales et régionales, une contribution au profit de leur groupement intercommunal. Ces contributions constituent par conséquent un supplément à la fiscalité communale, prélevé sur chacune des quatre taxes directes locales (deux taxes foncières, taxe professionnelle (TP), taxe d'habitation) au profit de la structure intercommunale. Le montant de ces contributions varie selon une clé de répartition inscrite dans les statuts de l'EPCI.

Les structures intercommunales sans fiscalité propre peuvent également bénéficier de **concours financiers de l'État**. Ces derniers prennent plusieurs formes :
– le fonds de compensation de la TVA (FCTVA), qui rembourse avec un décalage de deux ans, sur une base forfaitaire et globale, les versements de TVA que les groupements supportent sur leurs dépenses d'investissements. La loi du 13 août 2004 relative aux libertés et responsabilités locales prévoit la possibilité, à partir du 1er janvier 2005, de bénéficier par dérogation du FCTVA pour financer les investissements dans le domaine routier ;
– la dotation globale d'équipement (DGE), qui n'est versée qu'aux groupements dont la population est inférieure à vingt mille habitants (trente-cinq mille outre-mer).

Enfin, les structures intercommunales sans fiscalité propre peuvent bénéficier **d'autres recettes :**
– le produit des taxes, contributions ou redevances perçues en contrepartie des services qu'elles assurent (comme l'enlèvement des ordures ménagères) ;
– différentes aides (comme les fonds structurels accordés par l'Union européenne).

Le financement des structures intercommunales fédératives

Les structures intercommunales fédératives (communautés de communes, communautés d'agglomération, communautés urbaines) sont placées d'emblée sous un régime de fiscalité propre. Ce régime, qui est également applicable à d'anciens types d'EPCI, supprimés ou en voie de transformation (districts, communautés de ville, syndicats d'agglomération nouvelle ou SAN), se décline en deux variantes distinctes :
– le régime de la fiscalité additionnelle (avec ou sans taxe professionnelle de zone) ;
– le régime de la taxe professionnelle unique (avec ou sans fiscalité mixte).

Le régime de fiscalité additionnelle

Régime initial et encore le plus appliqué, il s'applique aux communautés de communes qui n'ont pas opté pour la taxe professionnelle unique, de même qu'aux communautés urbaines créées avant la loi du 12 juillet 1999, dès lors qu'elles n'ont pas changé de régime fiscal. Dans ce régime, le groupement intercommunal est doté des **mêmes compétences fiscales qu'une commune** : il vote le taux et perçoit le produit des quatre taxes directes locales. Mais sa fiscalité se surajoute à celle des communes, qui continuent de percevoir leur fiscalité sur les quatre taxes directes. Le législateur permet aux groupements à fiscalité propre additionnelle d'opter pour la taxe professionnelle de zone (TPZ), tout en conservant leur fiscalité sur les autres taxes. La TPZ vise à unifier le taux de la TP sur une zone d'activités économiques clairement délimitée et ainsi faire disparaître les inégalités de pression fiscale, incompréhensibles pour les redevables dans les aires d'activités multicommunales.

Le régime de taxe professionnelle unique (TPU)

Il s'applique :
- de plein droit, aux communautés d'agglomération, aux communautés urbaines créées après la publication de la loi du 12 juillet 1999 et aux syndicats d'agglomération nouvelle ;
- de manière optionnelle aux communautés de communes ;
- de plein droit, depuis le 1er janvier 2002, sauf délibération contraire d'au moins la moitié des conseils municipaux des communes intéressées, aux communautés urbaines créées avant la loi du 12 juillet 1999 et aux communautés de communes de plus de cinq cent mille habitants.

Dans ce régime, **l'EPCI se substitue progressivement aux communes pour la gestion et la perception du produit de la TP** sur l'ensemble de son périmètre. Le groupement perçoit le produit de la TP des communes regroupées, vote le taux et décide des exonérations. Les communes conservent cependant dans leur intégralité les autres impositions.

Le produit de la taxe professionnelle sert essentiellement au financement de l'EPCI, mais la loi prévoit deux types de retours de taxe professionnelle au bénéfice des communes adhérentes :
- l'« attribution de compensation », pour compenser financièrement le transfert du produit de la taxe professionnelle à l'EPCI ;
- la « dotation de solidarité », qui est l'instrument politique de redistribution et de péréquation du produit de la TP entre les communes adhérentes.

Le régime de la TPU induit une spécialisation des taxes : les taxes sur les ménages (taxe d'habitation, taxes foncières) reviennent aux communes, tandis que la TP revient aux groupements. Cependant, l'évolution du taux de TP reste étroitement corrélée à l'évolution du taux des trois autres taxes.

De plus, les EPCI relevant du régime fiscal de la TPU ont la possibilité de lever une fiscalité additionnelle sur la taxe d'habitation, la taxe sur le foncier bâti et la taxe sur le foncier non bâti (ils bénéficient alors d'une fiscalité mixte).

Les groupements intercommunaux à fiscalité propre jouissent également de **sources de financement non fiscales**. Ils peuvent ainsi recevoir des dotations budgétaires de l'État. Ces dernières sont au nombre de quatre :
- la dotation globale de fonctionnement des groupements de communes (ou « dotation d'intercommunalité ») : composée d'une dotation de base et d'une dotation de péréquation. Leur montant est calculé en fonction d'un coefficient d'intégration fiscale ;
- la dotation de développement rural, qui est versée, sous certaines conditions démographiques, aux groupements de communes à fiscalité propre exerçant une compétence en matière d'aménagement de l'espace et de développement économique ;
- le FCTVA ;
- la DGE.

Par ailleurs, à l'instar des groupements intercommunaux associatifs, les structures intercommunales à fiscalité propre jouissent **d'aides diverses**, et de **recettes propres** (produits de taxes, redevances ou contributions correspondant à des services assurés par elles).

Les dépenses des collectivités territoriales

Comment se répartissent les dépenses des collectivités territoriales ?

2006

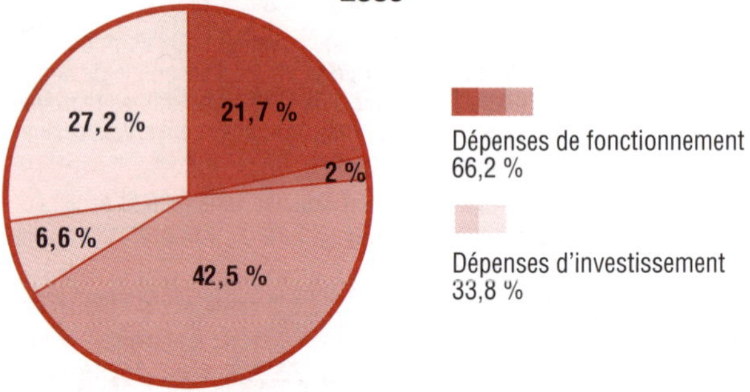

1982

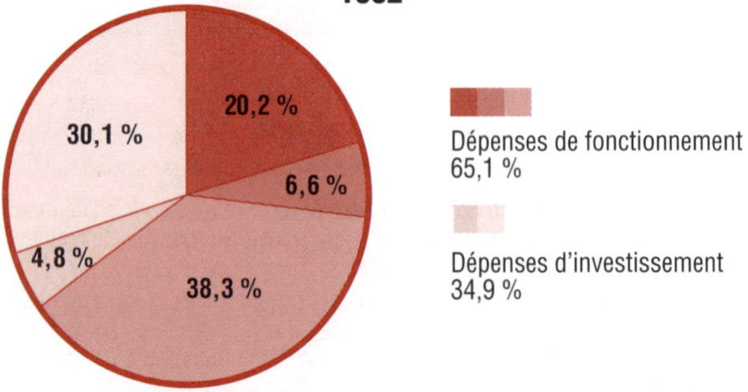

Légende :

- Frais de rémunération des personnels
- Intérêts de la dette
- Autres dépenses de fonctionnement
- Remboursements des emprunts
- Autres dépenses d'investissement

Pour consulter la version animée des camemberts :
http://www.vie-publique.fr/decouverte_instit/finances/finances_2_2_0_q0.htm

Depuis 1982, les dépenses des collectivités territoriales sont en augmentation constante, en raison des nouvelles compétences que l'État leur transfère. On est ainsi passé, hors groupements, de 370 milliards de francs de dépenses en 1982, soit 56,4 milliards d'euros, à 157,6 milliards d'euros en 2006. Elles sont estimées pour 2007 à 167,6 milliards d'euros (et 200,12 milliards groupements inclus). On distingue les dépenses de fonctionnement et les dépenses d'investissement.

Les dépenses de fonctionnement sont les plus importantes. Elles concernent les opérations courantes des collectivités territoriales. En 2006, elles représentaient 66,2 % des dépenses totales des collectivités avec 124,23 milliards d'euros. Elles sont estimées pour 2007 à 132,26 milliards d'euros, soit 66,1 % de l'ensemble des dépenses.

Elles regroupent principalement :
- les frais de rémunération des personnels, qui constituent le premier poste de dépenses (40,7 milliards d'euros en 2006, soit 21,7 % des dépenses totales ; estimation pour 2007 : 44,57 milliards d'euros et 22,3 % des dépenses) ;
- les intérêts de la dette, c'est-à-dire les intérêts des emprunts (3,84 milliards d'euros en 2006, soit 2 % des dépenses totales ; estimation pour 2007 : 4,2 milliards d'euros, soit 2,1 %) ;
- les dépenses d'entretien et de fourniture ;
- les frais de fonctionnement divers correspondant aux compétences de la collectivité.

Les dépenses d'investissement concernent des opérations en capital. Elles comprennent :
- les remboursements des emprunts (12,4 milliards d'euros en 2006, soit 6,6 % des dépenses totales ; estimation pour 2007 : 11,19 milliards d'euros, soit 5,6 % des dépenses totales) ;
- les travaux d'équipement ;
- les acquisitions immobilières et mobilières.

Elles représentaient 63,33 milliards d'euros en 2006, et sont estimées pour 2007 à 67,86 milliards d'euros, contre 51,63 milliards en 2003.

Les dépenses d'investissement des collectivités en font le premier investisseur public. Elles sont alimentées par des besoins structurels importants (les transports publics urbains par exemple).

Quel est le poids de chaque collectivité dans les dépenses ?

2007

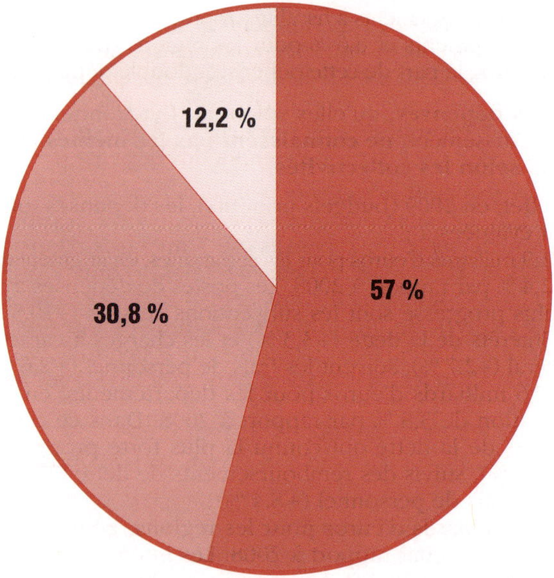

Légende :

- Communes et groupements à fiscalité propre
- Départements
- Régions

Pour consulter la version animée du camembert :
http://www.vie-publique.fr/decouverte_instit/finances/finances_2_2_0_q0.htm

▸▸ Les dépenses totales des collectivités, groupements à fiscalité propre inclus, sont estimées en 2007 à 200,12 milliards d'euros, soit une augmentation de 6,7 % par rapport à 2006. Mais les **dépenses des communes et des groupements de communes représentent plus de la moitié des dépenses des collectivités.** Ceci peut s'expliquer notamment par l'importance des frais de fonctionnement, et particulièrement, des frais de personnel, qui représentaient en 2007 près du tiers des dépenses du secteur communal (communes et groupements à fiscalité propre), contre 13,6 % pour les départements et 6,6 % pour les régions (où malgré ce faible taux, la part de cette dépense a doublé depuis 2006).

▸▸ **Ces dépenses,** qu'elles soient de fonctionnement ou d'investissement, **ne connaissent pas les mêmes évolutions selon les collectivités.**

En effet, en 2009 (budgets primitifs), les dépenses totales sont évaluées à :
- 91,9 milliards d'euros pour les communes, en augmentation de 2,4 % par rapport à 2008. Les postes de dépenses ayant le plus progressé sont les subventions versées (+10,5 %), les intérêts de la dette (+3,3 %) et les charges à caractère général (+2,7 %), suivent les frais de personnel (+2,6 %);
- 67,6 milliards d'euros pour les départements, en augmentation de 3,8 % par rapport à 2008. Dans ce cas, les intérêts de la dette ont connu la plus forte progression (+18,1 %), suivis des remboursements de dette (+10,7%) et des frais de personnel (+8,4 %);
- 27,3 milliards d'euros pour les régions, en augmentation de 2,6 % par rapport à 2008. Les intérêts de la dette augmentent de 16,3 % par rapport à 2008 et les frais de personnel de 14,4 %.

Quelle est l'évolution des dépenses locales depuis 20 ans ?

▸▸ **Les dépenses locales augmentent de manière très régulière depuis plus de vingt ans**, avec une accélération récente. Elles sont passées de 8 % du PIB en 1980 à 11 % en 2005. Ces vingt dernières années, les dépenses locales ont augmenté en moyenne de 5,35 % par an en monnaie courante, contre 3,35 % pour l'État.

▶▶ Cette **progression est plus vive dans les régions, que dans les départements et les communes**. De 1996 à 2007, les dépenses des régions ont augmenté de 117 % quand celles des départements progressaient de 77,5 % et celles des communes de 33,4 %. Néanmoins, les transferts de compétences à des établissements de coopération intercommunale rendent les comparaisons difficiles pour ces dernières.

Cependant, de grandes différences existent au sein de chaque niveau de collectivité selon leur richesse, leur population et leurs choix budgétaires

Les collectivités territoriales sont-elles d'importants employeurs ?

▶▶ **Les effectifs de la fonction publique territoriale (FPT) s'élevaient, au 31 décembre 2006, à 1864676 personnes.** Globalement, les collectivités consacrent environ le quart de leurs dépenses aux frais de personnel, soit 40,7 milliards d'euros pour 2006, 44,57 milliards d'euros pour l'année 2007 et 48,36 milliards d'euros pour 2008, selon les estimations. Ces dépenses sont en constante progression.

▶▶ **Plusieurs phénomènes contribuent à soutenir le rythme de croissance des personnels employés :**
– la mise en place de l'aménagement et de la réduction du temps de travail dans l'administration, effective depuis le 1er janvier 2002, qui a donné lieu à des recrutements;
– la revalorisation des bas salaires, qui entraîne un accroissement significatif des charges de personnel, compte tenu de la part importante des agents de catégorie C dans le total des effectifs de la FPT (76,4 % en 2006);
– la montée en charge, dans un premier temps, du dispositif «emplois-jeunes» : on en comptait 54174 au 31 décembre 2002, mais seulement 5539 au 31 décembre 2006. En effet, depuis 2002, ce dispositif n'a pas été reconduit, mais dans le cadre du «plan d'urgence pour l'emploi» défini en 2005, une augmentation du nombre de contrats d'accompagnement vers l'emploi réservés aux jeunes est prévue. Ces contrats ont remplacé les CES et CEC, évalués à 63196 en 2004, depuis le 1er mai 2005. Le nombre de

ces contrats aidés, prévu initialement à 20000 pour 2006, est de 69964 fin 2006;
– enfin, la relance de la décentralisation, qui prévoit, à compter de 2005, le transfert d'environ 130000 agents de la fonction publique d'État à la FPT.

▶▶ Toutefois, **la sensibilité du poste des dépenses de personnel n'est pas la même selon le niveau de collectivité territoriale.** Il représentait en 2007 le tiers des dépenses pour les communes, 13,6 % pour les départements et 6,6 % pour les régions. Cette différence s'explique par les différents niveaux de compétences de chaque collectivité. De même, depuis 2000, avec l'entrée en vigueur de la loi sur l'intercommunalité, le développement des structures intercommunales a modifié la répartition des salariés entre les différentes catégories de collectivités. On assiste à un transfert de personnels des communes vers leurs groupements qui accompagne celui des compétences.

Quel est le rôle des collectivités territoriales en matière d'investissement public ?

▶▶ **Les collectivités sont le premier investisseur public.** Elles réalisent près de 70 % de l'investissement public. Leurs dépenses dans ce domaine étaient, hors remboursement de la dette, de 40,8 milliards d'euros en 2003. Cette part est à la hausse, puisque les dépenses estimées pour 2006 s'élèvent à 50,94 milliards d'euros et sont prévues pour 2007 à 56,67 milliards d'euros. L'importance croissante de cette part s'explique notamment par les désengagements successifs de l'État (déclassement de voirie, transferts de compétences…).

La fonction publique territoriale

La réforme du droit de la fonction publique à la Libération est marquée par la loi du 19 octobre 1946, portant statut général des fonctionnaires de l'État. Le statut des fonctionnaires communaux date du 28 avril 1952. Mais ce n'est qu'en 1983 que la fonction publique comprend explicitement des catégories de fonctionnaires autres que ceux de l'État. La loi du 13 juillet 1983 portant droits et obligations des fonctionnaires constitue le titre I du statut général et s'applique à tous les agents. La loi du 26 janvier 1984, organise les dispositions statutaires relatives à la fonction publique territoriale (FPT) et constitue le titre III du statut. Cette loi a été récemment modifiée par celle du 19 février 2007, afin d'adapter le statut à l'approfondissement de la décentralisation et aux évolutions des collectivités territoriales, du fait notamment de l'essor de l'intercommunalité.

Le cadre d'emploi

« Ensemble de fonctionnaires soumis au même statut particulier, titulaire d'un grade leur donnant vocation à occuper un ensemble d'emplois » (loi du 13 juillet 1987, modifiant celle de 1984). Les cadres d'emploi regroupent les agents de trois catégories : A (9,3 % des effectifs de la FPT au 31 décembre 2006), B (14,3 %) et C (76,4 %).

Au 31 décembre 2006, la FPT regroupait 1 864 676 actifs, soit environ le tiers des effectifs des trois fonctions publiques, en incluant environ 75 000 contrats aidés et emplois jeunes, 56 567 assistantes maternelles et 7 546 apprentis. Par ailleurs, le taux de féminisation est élevé (60,7 %). **Les organismes communaux et intercommunaux emploient 78,1 % des agents** (1 457 482 agents) ; les communes 1 233 543 agents, et les structures intercommunales 223 939. Les départements emploient, quant à eux, 312 487 agents, et les régions 22 599.

Cependant, ces effectifs connaissent de profondes évolutions, d'une part, du fait de la relance, en 2003-2004, de la décentralisation, qui a prévu à partir de 2005 le transfert d'environ 130 000 agents de la fonction publique d'État (FPE) à la FPT ; d'autre part, du fait des départs massifs en retraite à partir de 2012.

Le champ d'action du fonctionnaire territorial est extrêmement large et diversifié, à la mesure des services offerts à la population dans de très nombreux domaines. Le contact direct avec les usagers constitue une autre caractéristique. Cela se traduit par l'existence de deux cent cinquante-trois métiers différents (dénombrés par l'Observatoire de la fonction publique territoriale), répartis entre soixante-sept cadres d'emplois et huit filières.

La carrière, apport essentiel du nouveau statut, signifie concrètement, pour l'ensemble des agents territoriaux, la fin de la précarité. Contrairement à la FPE, la FPT était auparavant régie par le système de l'emploi (ou fonction publique ouverte), où le licenciement découlait directement de la suppression de l'emploi.

Les institutions de la fonction publique territoriale

Le Conseil supérieur de la fonction publique territoriale (CSFPT)

Organisme paritaire composé de quarante membres (vingt représentants des collectivités territoriales et vingt des organisations syndicales de fonctionnaires), il est l'instance représentative de la FPT, d'après la loi du 19 février 2007 modifiant celle du 26 janvier 1984. La loi de 2007 élargit ses compétences. Ainsi le CSFPT :
- est consulté par le gouvernement sur la politique salariale et l'emploi public ;
- donne son avis sur les projets d'ordonnances relatifs à la FPT ;
- remplit une mission d'étude et de traitement statistique relatifs à la FPT.

Le Centre national de la fonction publique territoriale (CNFPT)

C'est un établissement public unique, paritaire et déconcentré, doté de la personnalité morale et d'organes de représentations propres ainsi que de l'autonomie financière. D'après la loi du 26 janvier 1984 modifiée par la loi du 19 février 2007, le CNFPT remplit plusieurs missions dont :
- la gestion de la formation professionnelle des agents ;
- la mise en œuvre des procédures de reconnaissance de l'expérience professionnelle ;
- l'organisation de certains concours (ex : catégorie A) et examens de la FPT.

Les centres de gestion (CDG)

Établissements publics à caractère administratif et gérés par des élus des collectivités, ces centres sont départementaux, à l'exception de la région parisienne où deux centres interdépartementaux gèrent, l'un la petite couronne (Hauts-de-Seine, Seine-Saint-Denis, Val-de-Marne et leurs établissements publics), l'autre la grande couronne (Val-d'Oise, Essonne, Yvelines, et leurs établissements publics). Les CDG ont pour spécialité la gestion du personnel territorial et regroupent obligatoirement les collectivités et leurs établissements employant moins de trois cent cinquante agents et, de façon facultative, toute autre collectivité qui le souhaite.

Les organes de participation au sein des collectivités

Ce sont :
- les **commissions administratives paritaires** (CAP), régies par les articles 28 et suivants de la loi de 1984, et par les décrets du 17 avril 1989 et du 14 septembre 1995 modifiés ;
- les **comités techniques paritaires** (CTP), régis par les articles 32 et suivants de la loi de 1984, et par les décrets du 30 mai 1985, 17 avril 1989 et 14 septembre 1995. Un CTP est obligatoirement constitué dans chaque collectivité territoriale ou établissement public employant au moins cinquante agents et, sous certaines conditions, dans les centres de gestion et dans les services dont la nature ou l'importance le justifient ;
- les **comités d'hygiène et de sécurité** (CHS), régis par l'article 33 de la loi de 1984 et le décret du 10 juin 1985, modifiés par les décrets du 16 juin 2000 et du 13 septembre 2005. Le CHS émet des avis obligatoires sur les règlements

et consignes en matière d'hygiène et de sécurité, sur le programme annuel de prévision des risques professionnels.

Une grande diversité : les huit filières (au 31 décembre 2003)

– la **filière administrative** recouvre les tâches traditionnelles de l'administration, très comparable en cela à certains emplois de la FPE. Ses cadres d'emploi, publiés par décrets du 30 décembre 1987, ont été plusieurs fois modifiés depuis. Cette filière compte 25,1 % des effectifs totaux ;

– la **filière technique** englobe des tâches très diverses : architecture et bâtiment, aménagement, environnement, informatique… Elle est numériquement la plus importante, puisqu'elle regroupe 46,2 % des effectifs totaux ;

– la **filière culturelle**, créée par les décrets du 2 septembre 1991, subdivisée entre gestion du patrimoine et enseignement artistique. Elle représente 4,8 % des effectifs totaux et plus d'un tiers des agents de cette filière sont des non titulaires ;

– la **filière sportive** est organisée par les décrets du 1er avril 1992, qui rationalisent un secteur d'activité qui s'était développé fortement dans de nombreuses collectivités, revêtant souvent pour elles une grande importance en termes d'image. Cette filière compte 1,3 % des effectifs totaux et plus de 20 % sont des non titulaires ;

– la **filière médico-sociale** (décrets des 28 août et 1er octobre 1992 et du 18 mars 1993) constitue un ensemble complexe, assez peu homogène. Elle représente 14 % des effectifs totaux ;

– la **filière animation** (décret du 1er juin 1997) réorganise un secteur qui avait largement eu recours aux contractuels. Elle compte 3,4 % des effectifs totaux, et près de la moitié sont des non titulaires ;

– la **filière de la police municipale**, créée de fait dès 1984, a dû attendre les décrets du 24 août 1994 et du 22 avril 1997 pour être dotée d'un statut particulier. Elle représente 1,4 % des effectifs totaux ;

– la **filière « incendie et secours »** des sapeurs pompiers professionnels dont le statut a été fixé par les décrets du 26 septembre 1990, du 14 juin 1991 et du 2 février 1993. Cette filière compte 2,8 % des effectifs totaux et les agents de cette filière sont presque tous des titulaires.

Quel avenir pour la FPT ?

La FPT doit actuellement faire face à trois défis majeurs :

– défi de l'évolution prochaine de ses effectifs ;

– défi d'attractivité et d'adaptation aux évolutions des missions des collectivités territoriales, de plus en plus importantes et diversifiées du fait de la relance de la décentralisation ;

– défi d'adaptation aux normes du droit communautaire, notamment en ce qui concerne l'ouverture des emplois publics locaux aux ressortissants communautaires et la gestion des fonds européens.

L'impact des investissements sur la dynamique économique nationale est certain, particulièrement en termes d'activité et d'emplois dans le secteur du bâtiment et des travaux publics.

▶▶ Par niveau de collectivité, les investissements, hors remboursement de la dette, sont estimés pour 2007 à :
- 25,14 milliards d'euros pour les communes, soit 27,9 % de leurs dépenses totales ;
- 14,18 milliards d'euros pour les départements, soit 23 % de leurs dépenses totales, dont 3,86 milliards pour les collèges ;
- 9,07 milliards d'euros pour les régions, soit 37,1 % de leurs dépenses totales, dont 4,8 milliards pour les lycées.

▶▶ **L'investissement des collectivités demeure alimenté par des besoins structurels importants,** notamment dans les domaines des transports publics urbains, du développement des nouvelles technologies, de la mise aux normes et de l'environnement. L'investissement le plus important reste celui des communes, malgré les transferts de compétences à des groupements intercommunaux, devenus des relais de l'investissement communal.

Quelles sont les dépenses d'intervention des collectivités territoriales ?

Les dépenses d'intervention des collectivités territoriales sont les dépenses effectuées au titre des compétences qui leur ont été transférées par l'État.

▶▶ **Les régions mettent l'accent sur le développement économique et la formation professionnelle.** Les dépenses réalisées concernant l'entretien des lycées et la formation professionnelle s'élevaient à 6,6 milliards d'euros en 2004, soit plus du tiers de leurs dépenses. Elles sont en hausse, car estimées à 7,9 milliards d'euros pour 2006 et prévues à hauteur de 9,5 milliards d'euros pour 2007. Les régions consacrent près de 800 millions d'euros chaque année aux aides directes et indirectes aux entreprises. Depuis le 1er janvier 2005, en vertu de la loi du 13 août 2004 relative aux libertés et responsabilités locales, elles sont en outre chargées de gérer les personnels non enseignants des lycées (personnels techniciens, ouvriers et de service dits TOS).

▶▶ **Les départements ont un rôle social affirmé.** Ils consacrent plus de 29 milliards d'euros à l'aide sociale en 2007, soit près des deux tiers de leurs dépenses de fonctionnement. Depuis le 1er janvier 2002, ils gèrent la nouvelle allocation personnalisée d'autonomie (APA) destinée aux personnes âgées. Ils apportent également près du tiers des aides en faveur du développement économique par des mises à disposition de terrains ou d'aides aux infrastructures d'accueil et d'exonérations fiscales. Depuis le 1er janvier 2004, les départements gèrent l'ensemble du dispositif « revenu minimum d'insertion – revenu minimum d'activité » (RMI-RMA). La loi du 13 août 2004 leur confie de nouvelles charges dans le domaine des actions à mettre en œuvre en faveur des personnes âgées, et leur transfère la gestion du fonds d'aide aux jeunes en difficulté et le fonds de solidarité logement tous deux désormais uniquement financés par le département. Leurs dépenses en matière d'aide sociale vont donc augmenter. La gestion des personnels non enseignants des collèges leur a également été transférée au 1er janvier 2005.

▶▶ **Les communes prennent en charge les actions de proximité.** Leurs dépenses s'orientent essentiellement vers l'aide sociale, l'entretien des voiries, la réalisation d'actions éducatives, culturelles et sportives. Les principales interventions communales sont la maîtrise du foncier, le développement industriel, le patrimoine architectural et l'environnement.

▶▶ **L'intercommunalité agit au niveau de l'assainissement et du développement économique.** Les compétences principales des structures intercommunales sont des services dits traditionnels : ordures et déchets, énergie, eau, assainissement… Toutefois, l'État impose aux établissements publics de coopération intercommunale (EPCI) à fiscalité propre la responsabilité du développement économique. L'ensemble des dépenses des EPCI à fiscalité propre s'élevait, en 2007, à 32,57 milliards d'euros. De plus, la loi du 13 août 2004 leur accorde, s'ils en font la demande, le droit d'exercer certaines compétences attribuées aux régions et aux départements, pour le compte de ces collectivités et sous réserve de leur approbation.

L'élaboration des budgets locaux

Quels principes guident l'élaboration des budgets locaux ?

Ces principes sont au nombre de cinq et font l'objet d'un contrôle exercé par le préfet, en liaison avec la chambre régionale des comptes (CRC).

Le principe d'annualité exige :

– que le budget soit défini pour une période de douze mois allant du 1er janvier au 31 décembre;

– que chaque collectivité adopte son budget pour l'année suivante avant le 1er janvier, mais un délai leur est laissé par la loi jusqu'au 31 mars de l'année à laquelle le budget s'applique, ou jusqu'au 15 avril, les années de renouvellement des assemblées locales.

Toutefois, l'ordonnance du 26 août 2005 relative à la simplification et à l'aménagement des règles budgétaires et comptables applicables aux collectivités territoriales assouplit fortement ce principe en élargissant les mécanismes de pluriannualité.

La règle de l'équilibre réel implique l'existence d'un équilibre entre les recettes et les dépenses des collectivités, ainsi qu'entre les différentes parties du budget (sections de fonctionnement et d'investissement).

Le principe d'unité suppose que toutes les recettes et les dépenses figurent dans un document budgétaire unique, le budget général de la collectivité. Toutefois, d'autres budgets, dits annexes, peuvent être ajoutés au budget général afin de retracer l'activité de certains services. Ainsi le budget du Centre d'action sociale est-il annexé au budget général de la commune. Les services publics industriels et commerciaux gérés directement par les communes doivent, quant à eux, obligatoirement figurer dans un budget annexe.

Le principe d'universalité implique :
– que toutes les opérations de dépenses et de recettes soient indiquées dans leur intégralité et sans modifications dans le budget. Cela rejoint l'exigence de sincérité des documents budgétaires ;
– que les recettes financent indifféremment les dépenses. C'est l'universalité des recettes.

Le principe de spécialité des dépenses consiste à n'autoriser une dépense qu'à un service et pour un objet particulier. Ainsi, les crédits sont affectés à un service, ou à un ensemble de services, et sont spécialisés par chapitre groupant les dépenses selon leur nature ou selon leur destination.

Comment se présente un budget local ?

Un budget est un document qui prévoit et autorise les recettes et les dépenses. Au sens strict, il n'existe qu'un seul budget, mais il peut subir des modifications. En effet, le budget primitif est tout d'abord voté et retrace aussi précisément que possible l'ensemble des recettes et des dépenses pour l'année. Mais en cours d'année, des budgets supplémentaires ou rectificatifs sont nécessaires, afin d'ajuster les dépenses et les recettes aux réalités de leur exécution. De plus, des budgets annexes retracent les recettes et les dépenses de services particuliers.

La structure d'un budget comporte différentes parties : la section de fonctionnement et la section d'investissement qui se composent, toutes deux, d'une colonne dépenses et d'une colonne recettes. À l'intérieur de chaque colonne, il existe des chapitres, qui correspondent à chaque type de dépense ou de recette, ces chapitres étant eux-mêmes divisés en articles.

La section de fonctionnement regroupe :
– toutes les dépenses nécessaires au fonctionnement de la collectivité (charges à caractère général, de personnel, de gestion courante, intérêts de la dette, dotations aux amortissements, provisions) ;
– toutes les recettes que la collectivité peut percevoir des transferts de charges, de prestations de services, des

dotations de l'État, des impôts et taxes, et éventuellement, des reprises sur provisions et amortissement que la collectivité a pu effectuer.

La section d'investissement comporte :
– en dépenses : le remboursement de la dette et les dépenses d'équipement de la collectivité (travaux en cours, opérations pour le compte de tiers...);
– en recettes : les emprunts, les dotations et subventions de l'État.

Comment se prépare un budget local ?

La préparation d'un budget relève de l'exécutif local (maire, président du conseil général ou régional) et est assurée par les services financiers des collectivités. Elle nécessite une évaluation des dépenses et des recettes pour l'année à venir.

L'État doit fournir les renseignements indispensables (montant des dotations, détermination des bases d'imposition, informations générales sur le personnel) pour que les collectivités puissent évaluer leurs recettes.

Les dépenses obligatoires doivent être sincèrement évaluées. Elles concernent les secteurs de compétences fixés par la loi pour chaque type de collectivité. Ainsi, le budget régional doit intégrer les dépenses concernant la rénovation des lycées car elles relèvent de sa compétence. De même, les charges de personnel sont obligatoires pour toutes les collectivités et doivent être inscrites en dépenses. À défaut d'une inscription au budget, le préfet peut saisir la chambre régionale des comptes, qui demande à la collectivité de rectifier l'oubli.

Il existe des dépenses interdites. Ce sont celles qui n'entrent pas dans les compétences légales de la collectivité ou qui concernent une intervention en dehors de son territoire.

En ce qui concerne les dépenses, des discussions sont engagées avec les services, selon un calendrier établi en interne, et sont suivies de réunions d'arbitrage. Les collectivités peuvent alors déduire leur marge de manœuvre par rapport aux recettes qu'elles attendent, soit afin de contenir les dépenses pour respecter la règle de l'équilibre, soit afin d'effectuer des choix stratégiques en mettant l'accent sur des priorités politiques.

Comment est voté le budget local ?

Le budget est voté par l'assemblée délibérante de la collectivité (conseil municipal, général ou régional selon le cas). La tenue d'un **débat d'orientation budgétaire** dans les deux mois précédant le vote du budget est obligatoire, sauf pour les communes de moins de trois mille cinq cents habitants. Il permet d'informer l'assemblée sur la situation financière de la collectivité et de présenter les grandes orientations pour l'année à venir.

Après le débat, mais avant le vote, les membres de l'assemblée doivent recevoir le budget et ses annexes. L'ordonnance du 26 août 2005 relative à la simplification et à l'aménagement des règles budgétaires et comptables applicables aux collectivités territoriales allège le contenu des documents préparés par les exécutifs locaux.

Les budgets des collectivités doivent toujours être votés en équilibre réel et sincère et suivant un calendrier établi par la loi (avant le 31 mars ou le 15 avril l'année de renouvellement de l'assemblée). La section de fonctionnement est d'abord adoptée avant la section d'investissement. Les **budgets sont votés par chapitres ou**, si l'assemblée délibérante le décide, **par articles** à l'intérieur de chaque section. Les communes qui ont adopté la nomenclature comptable mise en place par l'instruction M 14, c'est-à-dire une comptabilité qui se rapproche du plan comptable utilisé par les entreprises, peuvent recourir au **vote fonctionnel** lorsqu'elles comptent plus de 10 000 habitants. Il consiste à regrouper, dans une même famille ou fonction (par exemple l'éducation) les dépenses de fonctionnement et d'investissement qui y correspondent. D'autres instructions comptables, qui se rapprochent de celles des communes, ont été adoptées pour les départements (instruction

M52 dont l'application a été généralisée au 1er janvier 2004) ou sont en cours d'expérimentation pour les régions (instruction M71 expérimentée depuis le 1er janvier 2005 et qui a été généralisée au 1er janvier 2008).

Un budget peut-il être modifié après son vote ou pendant son application ?

Après son vote, un budget est toujours susceptible d'être modifié. Rares sont les collectivités qui ne procèdent pas au moins à une modification annuelle.

Le budget supplémentaire

C'est un acte d'ajustement et de report. En effet, tout comme les lois de finances rectificatives pour le budget de l'État, il offre la possibilité de corriger en cours d'année les prévisions du budget primitif. Il permet également d'intégrer dans les budgets locaux les résultats de l'année précédente (excédents, déficits...) dégagés par le compte administratif adopté avant le 30 juin, c'est-à-dire après le vote du budget primitif, le 31 mars ou le 15 avril. Le budget supplémentaire reprend la structure du budget primitif et est généralement adopté vers le mois d'octobre.

Les décisions modificatives

Elles ont la même fonction que le budget supplémentaire concernant l'ajustement des prévisions en cours d'année, mais n'ont pas de fonction de report. Elles modifient ponctuellement le budget initial. Ce sont des délibérations de l'assemblée locale (conseil municipal, général ou régional) autorisant l'Exécutif local (maire, président du conseil général ou régional) à effectuer des recettes ou des dépenses complémentaires. Le nombre de ces décisions modificatives est laissé au libre arbitre de chaque collectivité. Elles peuvent être adoptées à tout moment après le vote du budget primitif et peuvent même, pour la section de fonctionnement, être votées jusqu'au 21 janvier de l'année suivante afin d'ajuster les crédits destinés notamment à régler les dépenses engagées avant le 31 décembre.

La comptabilité des collectivités territoriales

Depuis une dizaine d'années, l'État et les élus locaux ont engagé la modernisation de la comptabilité des collectivités territoriales. En effet, la décentralisation, l'élargissement des compétences des collectivités, et surtout la libéralisation de leur financement, nécessitent de mettre à la disposition des élus, des citoyens et des partenaires financiers des collectivités des informations et des indicateurs fiables et précis sur leur situation financière et sur l'impact financier de l'action publique.

Ceci a conduit à l'adoption de cadres comptables proches du plan comptable général, utilisé par les entreprises. Ils permettent de mieux appréhender la situation financière des collectivités tout en prenant en compte les spécificités de la gestion locale, en particulier les règles d'équilibre budgétaire. On distingue ainsi les comptabilités par niveau de collectivités.

Les principes communs

Les collectivités territoriales élaborent plusieurs documents budgétaires : le budget primitif, voté avant le 1er janvier (jusqu'au 31 mars pour les taux d'imposition), autorise les dépenses et les recettes pour l'année à venir ; le budget supplémentaire qui permet de corriger en cours d'année le budget primitif et d'intégrer les résultats du budget de l'année précédente ; les décisions modificatives qui modifient ponctuellement le budget primitif. Sont annexés : la liste des associations subventionnées, la liste des garanties, les comptes administratifs des organismes de coopération, le bilan des organismes dont la collectivité est actionnaire et des ratios financiers. À l'issue de la gestion, doit être voté le compte administratif qui arrête le résultat de l'exercice.

Les budgets comprennent une section de fonctionnement retraçant les recettes et dépenses courantes, et une section d'investissement comprenant les subventions, les emprunts et un virement de la section de fonctionnement. La comptabilité publique locale reprend des principes de gestion orthodoxes : le budget des collectivités territoriales doit être voté en équilibre réel, les dépenses obligatoires doivent être couvertes en début d'exercice, le remboursement en capital des emprunts se fait sur ressources définitives, l'autofinancement est d'abord destiné au remboursement des dettes.

La comptabilité publique locale s'inspire du plan comptable général. Les réformes comptables reprennent ainsi les principes comptables généraux d'indépendance des exercices, de sincérité des comptes et de prudence. Ceci se traduit par l'introduction des techniques comptables :

– de rattachement des produits (recettes) et des charges (dépenses) à l'exercice : la comptabilité est donc tenue en droits constatés, c'est-à-dire qu'elle constate les engagements pris (ex : dettes envers des fournisseurs), et les droits acquis par la collectivité (ex : impôts dus) ;

– d'amortissement obligatoire des biens renouvelables (comme les véhicules) afin d'apprécier le coût de ce renouvellement et donc d'inciter à dégager les ressources correspondantes ;

– de provisionnement, notamment pour les garanties d'emprunt, les litiges et contentieux et le remboursement différé de la dette.

La comptabilité des communes

La M14 est la nomenclature budgétaire et comptable qui s'applique aux communes et à leurs services publics à caractère administratif, aux centres communaux et intercommunaux d'action sociale, aux caisses des écoles et aux établissements publics de coopération intercommunale (EPCI). Votée par le Parlement en 1994, elle a été mise en œuvre en 1997.

La M14 cherche notamment à améliorer l'information budgétaire et financière, en particulier sur la situation patrimoniale des communes.

Simplifiée pour les communes de moins de 3500 habitants, elle s'inspire en grande partie de l'architecture et des conventions du plan comptable général utilisé par les entreprises. Ainsi, elle reprend les mêmes classes de comptes pour le compte de résultat, le bilan et le hors bilan. Elle peut ainsi fournir des éléments d'appréciation sur le patrimoine communal et faciliter l'analyse de la situation financière (niveau d'endettement, autofinancement, etc.).

Le résultat de la section de fonctionnement est affecté au profit de la section d'investissement. À titre prévisionnel, il doit autofinancer les investissements projetés. En fin d'exercice, si un résultat supérieur aux prévisions apparaît, il peut servir à financer de nouveaux investissements ou de nouveaux besoins de fonctionnement.

Dans les communes de plus de 3500 habitants, la M14 met en place une nomenclature fonctionnelle, permettant de reclasser les recettes et les dépenses selon les politiques conduites par la commune (enseignement, culture, action économique, administration générale, etc.). Le vote du budget peut également s'effectuer par fonction, mais seulement pour les communes de 10000 habitants et plus. Enfin, l'ordonnance du 26 août 2005 relative à la simplification et à l'amélioration des règles budgétaires et comptables applicables aux collectivités territoriales a modifié l'instruction M14 : la pluriannualité est renforcée et le régime des provisions réformé.

La comptabilité des départements et des régions

Pour les départements, l'instruction M52 adapte la comptabilité à l'environnement juridique (décentralisation, réformes législatives diverses) et recherche l'homogénéité la plus grande possible avec celle des autres collectivités. Appliquée depuis le 1er janvier 2004, elle renforce également la comptabilité patrimoniale (principes d'amortissement hors voirie ; comptabilité d'exercice). La nomenclature fonctionnelle retrace les spécificités des politiques départementales, notamment en matière sociale (revenu minimum d'insertion, allocation personnalisée à l'autonomie, prévention médico-sociale) ou pour les subventions versées aux autres collectivités pour la construction d'équipements publics. Le vote du budget s'effectue par nature ou par fonction. La M52 permet de provisionner des risques, de constituer des réserves et donne un support comptable à la gestion active de la dette.

Pour les régions, l'instruction provisoire M71 vise également à améliorer la patrimonialité de leurs comptes. Après avoir été expérimentée depuis le 1er janvier 2005, elle a été généralisée au 1er janvier 2008. Les régions ont été les dernières collectivités territoriales à disposer d'une instruction comptable rénovée.

Les instructions M52 et M71 ont évolué avec l'ordonnance du 26 août 2005 et le renforcement de la pluriannualité.

Les modifications après intervention du préfet

Un budget peut être voté et ne pas respecter les principes obligatoires, c'est-à-dire ne pas inclure les dépenses obligatoires à chaque collectivité ou ne pas respecter le principe d'équilibre réel du budget. Le préfet peut alors saisir la chambre régionale des comptes qui lui donne un avis. Dans le cas du non-respect de l'équilibre réel, le préfet règle et exécute le budget si la collectivité persiste dans ses erreurs.

Comment un budget local est-il appliqué ?

L'application du budget est gouvernée par un principe fondamental : la séparation des ordonnateurs et des comptables. L'ordonnateur, qui est l'exécutif des collectivités (maire, président du conseil général ou régional), donne l'ordre d'engager les dépenses et de recouvrer les recettes, mais ne peut pas manipuler les fonds publics. Le comptable public est chargé d'exécuter les dépenses et les recettes selon les indications de l'ordonnateur, mais il ne lui est pas subordonné. Il est responsable personnellement et sur son propre argent de ces opérations. C'est un fonctionnaire de l'État dépendant du corps des comptables du Trésor.

L'application du budget obéit à des règles précises faisant intervenir successivement l'ordonnateur et le comptable public.

Pour les dépenses, il y a quatre opérations, trois relevant de l'ordonnateur (phase administrative) et une du comptable (phase comptable) :
– l'engagement : décision par laquelle l'ordonnateur décide d'effectuer une dépense. Elle se traduit par l'affectation des crédits nécessaires au règlement de la dépense ;
– la liquidation : il s'agit de vérifier la réalité de la dette de la collectivité et de fixer le montant de la dépense ;
– l'ordonnancement : c'est un mandat de paiement par lequel l'ordonnateur donne l'ordre au comptable de payer ;
– le paiement par le comptable : il procède d'abord à certaines vérifications, portant sur la régularité des opérations précédentes, et ensuite au paiement de la dépense.

Pour les recettes, se succèdent également phases administrative et comptable :
– l'émission d'un ordre de recettes (phase administrative) : la collectivité constate qu'un administré doit s'acquitter d'une somme correspondant à un service qui lui a été rendu (paiement de cantines scolaires…);
– le contrôle notamment de l'existence de l'autorisation de percevoir la recette et son recouvrement, c'est-à-dire son encaissement par le comptable public, constitue la phase comptable.

Les contrôles sur les finances locales

Les citoyens et les élus peuvent-ils contrôler les finances locales ?

La Déclaration des droits de l'homme et du citoyen de 1789 évoque déjà, dans ses articles 14 et 15, le droit des citoyens et de la société de contrôler les finances publiques. Aujourd'hui, les citoyens peuvent d'abord exercer un **contrôle politique** sur la gestion financière des collectivités par leur vote lors des élections locales, en sanctionnant ou en validant l'action des élus. Ils disposent aussi d'un **droit à l'information et à la communication de documents budgétaires** affirmé par la loi du 6 février 1992 «comme un principe essentiel de la démocratie locale». Le Code général des collectivités territoriales précise qu'en cas de non-respect de certaines règles d'élaboration, d'adoption ou de présentation des actes budgétaires, les administrés peuvent, sous certaines conditions, saisir le juge administratif.

Les élus disposent également de moyens de contrôle qui ont été renforcés par la loi du 6 février 1992. Ils peuvent désormais contrôler les finances locales par le biais :
– du débat d'orientation budgétaire, qui doit avoir lieu obligatoirement dans les deux mois précédant le vote du budget;
– des questions orales, qu'ils peuvent poser à l'exécutif local en cours d'année;

– des documents budgétaires et de leurs annexes, qui leur sont communiqués au moins cinq jours avant le vote du budget;
– lors de l'adoption des budgets modificatifs;
– lors de l'adoption du compte administratif, qui peut donner lieu à un débat et qui permet de comparer le budget voté au budget effectivement réalisé;
– par les délibérations, qu'ils adoptent en cours d'année engageant financièrement la collectivité, et par les communications de l'exécutif sur la situation de trésorerie;
– par la communication par l'exécutif des lettres d'observation définitives des chambres régionales des comptes.

Quels sont les contrôles exercés par les services de l'État ?

Les actes budgétaires sont soumis à un double contrôle des services de l'État.

Le contrôle du préfet

Après leur vote, les budgets sont transmis au préfet qui exerce un contrôle de légalité et un contrôle budgétaire en liaison avec la chambre régionale des comptes qu'il saisit et à laquelle il demande un avis.

Ces deux contrôles, aux finalités différentes, peuvent être complémentaires. Le contrôle de légalité porte sur les conditions d'élaboration, d'adoption ou de présentation des documents budgétaires et de leurs annexes. Le contrôle budgétaire doit faire respecter les règles de gestion (le calendrier, la règle de l'équilibre, l'inscription des dépenses obligatoires et le déficit du compte administratif) applicables lors de l'élaboration et de l'exécution du budget.

Le contrôle du comptable public

Le comptable public exécute les opérations financières et tient un compte de gestion dans lequel il indique toutes les dépenses et recettes de la collectivité. Il vérifie que les dépenses sont décomptées sur le bon chapitre budgétaire et que l'origine des recettes est légale. Il ne peut pas effectuer un contrôle d'opportunité. En effet, il ne peut pas juger de la pertinence des choix politiques effectués par les collectivités puisqu'elles s'administrent librement et, dans le cas contraire, l'ordonnateur peut « requérir » le comptable, c'est-à-dire le forcer à payer.

Dès lors que le comptable détecte une illégalité, il rejette le paiement décidé par l'ordonnateur. Les comptables publics engagent leur responsabilité pécuniaire et personnelle sur les paiements qu'ils effectuent. En cas de problème, le ministre des Finances peut émettre un ordre de reversement, qui contraint le comptable à verser immédiatement, sur ses propres deniers, la somme correspondante.

Quel est le rôle du juge administratif ?

Le déféré préfectoral

Le contrôle de légalité est l'un des moyens permettant de faire respecter les « règles du jeu » de la décentralisation par les collectivités territoriales. Depuis 1982, le préfet a essentiellement conservé, vis-à-vis des collectivités, le pouvoir de saisir la juridiction administrative dès lors qu'il détecte une illégalité. Le Code général des collectivités territoriales précise qu'il défère au tribunal administratif les actes qu'il estime illégaux dans les deux mois suivant leur transmission à ses services. Parmi ces actes figurent les délibérations des conseils municipaux, généraux et régionaux et donc les budgets des collectivités. Depuis 1982, les déférés préfectoraux peuvent être assortis d'une demande de sursis à exécution, devenu le référé-suspension depuis la loi du 30 juin 2000 relative au référé devant les juridictions administratives.

Si le préfet choisit de ne pas saisir le tribunal administratif alors que des illégalités sont facilement décelables, la responsabilité de l'État peut être engagée et le préfet accusé de faute.

Le recours pour excès de pouvoir

Il se définit comme le recours par lequel on demande au juge l'annulation d'un acte en raison de l'illégalité dont il serait entaché. Tout administré, qui a un intérêt à agir, peut donc saisir le tribunal administratif directement pour faire annuler une décision prise par une collectivité qui lui paraît illégale. Ainsi, les lois des 29 janvier 1993 et 8 février 1995 permettent-elles l'admission par le juge administratif des recours présentés par les contribuables locaux.

Quels contrôles sont effectués par les chambres régionales des comptes ?

La loi du 2 mars 1982 a créé les chambres régionales des comptes (CRC), composées de magistrats inamovibles : cela constitue une contrepartie à la suppression de la tutelle *a priori* sur les actes des collectivités territoriales. Les compétences de ces juridictions sont définies par la loi et sont reprises dans le Code des juridictions financières, aux articles L. 211-1 et suivants.

Il est à noter que tant l'organisation que le fonctionnement des CRC furent l'objet d'une substantielle remise à jour par le décret du 23 août 1995, qui introduisit notamment l'audience publique pour les comptables publics condamnés à l'amende.

La compétence d'une CRC s'étend à toutes les collectivités territoriales de son ressort géographique, qu'il s'agisse des communes, des départements et des régions, mais également de leurs établissements publics. Par ailleurs, la Cour des comptes a donné aux CRC délégation pour contrôler certains établissements publics nationaux, comme certaines universités ou encore les chambres d'agriculture.

Dans ce cadre, les CRC sont dotées d'une triple compétence en matière de contrôle.

Le jugement des comptes des comptables publics

La CRC juge, dans son ressort, l'ensemble des comptes des comptables publics des collectivités et de leurs établissements publics. Ce contrôle juridictionnel est la mission originelle des CRC. Il s'agit d'un contrôle de régularité des opérations faites par les comptables publics. Il consiste à vérifier non seulement que les comptes sont réguliers, mais surtout que le comptable a bien exercé l'ensemble des contrôles qu'il est tenu d'effectuer. En revanche, la loi du 21 décembre 2001 relative aux CRC et à la Cour des comptes interdit le contrôle d'opportunité. La CRC règle et reconnaît les comptes exacts par des jugements, que des irrégularités aient été révélées ou non.

Le contrôle budgétaire

La CRC intervient dans quatre cas :

– lorsque le budget primitif est adopté trop tardivement (après le 31 mars), le préfet doit saisir la CRC qui formule des propositions pour le règlement du budget sous un mois ;

– en cas d'absence d'équilibre réel du budget voté (recettes ne correspondant pas aux dépenses), trois délais se succèdent : 30 jours pour la saisine de la CRC par le préfet, 30 jours également pour que la CRC formule ses propositions, un mois pour que l'organe délibérant de la collectivité régularise la situation, faute de quoi le préfet procède lui-même au règlement du budget ;

– en cas de défaut d'inscription d'une dépense obligatoire, la CRC peut être saisie par le comptable public concerné, le réprésentant de l'État ou par une personne y ayant un intérêt. Elle constate ce défaut dans un délai d'un mois à compter de la saisine et adresse une mise en demeure à la collectivité en cause ;

– enfin, lorsque l'exécution du budget est en déficit, de 10 % ou plus des recettes de la section de fonctionnement pour les communes de moins de 20 000 habitants, ou de 5 % dans les autres cas, la CRC lui propose des mesures de rétablissement dans un délai d'un mois à compter de sa saisine par le représentant de l'État. En outre, elle valide le budget primitif afférent à l'exercice suivant.

Le contrôle de la gestion

Il vise à examiner la régularité et la qualité de la gestion des collectivités territoriales. Il porte non seulement sur l'équilibre financier des opérations de gestion et le choix des moyens mis en œuvre, mais également sur les résultats obtenus par comparaison avec les moyens et les résultats des actions conduites. Se prononçant sur la régularité des opérations et l'économie des moyens employés, et non en termes d'opportunité des actes pris par les collectivités territoriales, les CRC cherchent d'abord à aider et inciter celles-ci à se conformer au droit, afin de prévenir toute sanction.

La responsabilité des acteurs locaux

Dans les collectivités territoriales, 520 000 élus et 1,8 million d'agents publics (fonctionnaires et contractuels) administrent de nombreux services publics locaux, essentiels à la qualité de la vie quotidienne des citoyens. L'exercice de ces responsabilités nouvelles, issues de la décentralisation, comporte des risques, administratifs, judiciaires et financiers, qui ont conduit les acteurs locaux à intégrer à leur gestion une action de prévention et de maîtrise des risques. Les propositions de la commission Mauroy (rapport d'octobre 2000) visaient à lutter contre le sentiment d'insécurité juridique, non tant en raison d'un plus grand nombre de fautes constatées, que d'un accroissement des contrôles.

Exercice des responsabilités

Les collectivités détiennent une responsabilité d'organisation des services publics locaux. Ces derniers concourent à l'aménagement d'espaces territoriaux ; permettent le fonctionnement d'équipements et de services ; contribuent à redistribuer des richesses en faveur de zones géographiques, de groupes sociaux, de familles ou d'individus, au nom d'intérêts collectifs ou d'objectifs de solidarité. L'esprit de ces politiques est la recherche du partenariat, avec l'État, les autres collectivités territoriales, les acteurs locaux. Le maire, les présidents de conseil général, de conseil régional et d'établissement public de coopération intercommunale (EPCI) disposent du pouvoir exécutif de leur collectivité ou de leur établissement. À ce titre, ils préparent les délibérations de l'assemblée qu'ils président et sont chargés de leur exécution (ordonnancement et réalisation du budget, nomination aux postes de fonctionnaires...).

Cependant, la combinaison des nombreux pouvoirs et des diverses délégations possibles (de pouvoirs, de fonction, de responsabilité, de signature) peut engendrer une confusion des rôles et l'émiettement des responsabilités au sein d'une collectivité territoriale. La définition explicite de chaque rôle doit donc être précisée.

Principes de mise en cause de la responsabilité des agents publics

Mises en cause de la responsabilité financière

Deux catégories de mises en cause financière des agents publics peuvent être distinguées : la condamnation pour faute de gestion ou celle pour gestion de fait.

Le Code des juridictions financières comporte de nombreuses infractions aux règles de la comptabilité publique, dites fautes de gestion, sanctionnées par la Cour de discipline budgétaire et financière :
– celles qui sont susceptibles d'être commises par les fonctionnaires territoriaux naissent non seulement d'infractions aux règles d'exécution du budget, mais aussi de ce que l'agent n'a pas fait mais qu'il aurait dû faire, même quand aucun texte ne prescrivait explicitement la conduite à tenir (défaut de surveillance ou d'organisation, dissimulation...) ;
– l'élu local, quant à lui, peut être traduit devant cette Cour, en tant qu'ordonnateur, dans des cas précis : la non exécution de décisions de justice entraî-

nant le paiement d'une somme d'argent et, en cas de réquisition du comptable public, l'octroi d'avantages injustifiés à autrui au préjudice de la collectivité.

La gestion de fait vise à sanctionner l'ingérence dans le recouvrement des recettes affectées ou destinées à un organisme public, par tout agent public qui n'a pas la qualité de comptable public, ou qui n'agit pas sous son contrôle et pour le compte d'un comptable public. Il peut, en ce cas, être déclaré comptable de fait et accusé de gestion de fait par la chambre régionale des comptes, qui enquête sur les fonds irrégulièrement détenus ou maniés.

Mises en cause de la responsabilité pénale

Le Code pénal prévoit plusieurs infractions propres aux agents publics :
- l'abus d'autorité, dirigés contre l'administration (faire échec à l'exécution de la loi...), ou commis contre des particuliers (ex : discrimination) ;
- les atteintes à la confiance publique (ex : faux en écritures) ;
- le manquement au devoir de probité (ex : corruption).

Les élus et fonctionnaires locaux sont également menacés par de nombreuses autres infractions prévues, par exemple, par le droit de l'urbanisme, par le droit rural ou encore par le droit de l'environnement.

Le principe de responsabilité pénale des personnes morales publiques est cependant assorti d'une importante limite : les collectivités territoriales ne peuvent engager leur responsabilité pénale que pour quelques infractions commises dans l'exercice d'activités susceptibles de faire l'objet de conventions de délégations de service public. La responsabilité de la personne morale ne fait cependant pas obstacle à celle de ses dirigeants, ce qui évite la dilution des responsabilités des personnes physiques, et permet de ne pas dissimuler les fautes individuelles derrière la responsabilité de la collectivité.

Mises en cause de la responsabilité administrative

Lorsque l'administration, dans l'exercice de ses activités, cause un dommage et fait subir un préjudice, la victime peut demander réparation. Si le noyau du régime juridique de la responsabilité de la puissance publique relève du droit public, le droit privé intervient aussi pour assurer la réparation de préjudices nés d'activités de l'administration (gestion d'activités dans les mêmes conditions que des particuliers, gestion du domaine privé des personnes publiques...).

Une faute est dite de service lorsqu'un agent public a commis une faute dans l'exercice de ses fonctions, et que cette faute n'est pas détachable du service. Dans ce cas, l'administration prend en charge la responsabilité civile de l'acte en cause.

La prévention et la maîtrise des risques liés à la gestion locale

La pratique déontologique

À partir des grands principes de responsabilité propres aux agents publics, il est possible de déterminer la pratique déontologique devant guider les fonctionnaires territoriaux et susceptible de prévenir les risques de mises en cause financières, pénales et administratives. On peut citer deux axes :

– la pratique déontologique issue du statut de la fonction publique : indépendance, obligation de réserve, discrétion professionnelle, secret professionnel (et son rapport avec l'obligation de dénonciation, d'une part, et la non-assistance à personne en danger, d'autre part) ;
– la pratique déontologique dégagée par les observations des chambres régionales des comptes : gestion équilibrée et prudente des finances publiques ; contrôle attentif des missions de service public déléguées ; respect des lois et règlements en matière de commande publique principalement.

La prévention des risques pour fautes non intentionnelles

Les risques de mise en cause d'élus et de fonctionnaires pour fautes non intentionnelles naissent essentiellement des obligations d'hygiène et de sécurité, des pouvoirs de police, qui mettent les maires au premier rang en cas d'accident, et de la gestion de certains services publics locaux.

Ces dernières années, la responsabilité personnelle d'élus a été engagée de façon croissante. Afin de limiter ces mises en cause pénales, jugées parfois excessives, deux lois ont été adoptées. Ainsi, la loi du 13 mai 1996, qui préconise l'appréciation de chaque affaire au regard des circonstances (*in concreto*), et la loi du 10 juillet 2000, dite « loi Fauchon » ont assoupli le régime de la responsabilité pour faute non intentionnelle. L'élu ne peut plus être condamné s'il a accompli les diligences normales compte tenu des circonstances.

La maîtrise des risques par le contrôle interne

L'effort de maîtrise, ou contrôle interne, est bénéfique à plus d'un titre, afin d'éviter la mise en cause de la responsabilité des acteurs locaux. Le contrôle interne doit porter sur les domaines clefs générateurs des risques les plus graves, évoqués précédemment (budget, etc.), mais aussi permettre une évaluation des politiques menées. Moyen de prévenir les risques de toute nature auxquels peuvent être confrontés les acteurs locaux, le contrôle interne, qui clarifie les responsabilités, permet aussi d'établir des principes de fonctionnement plus rigoureux, transparents et efficaces.

La responsabilisation des acteurs locaux a ainsi accompagné l'évolution des collectivités territoriales dans le processus de décentralisation, évolution vers une rigueur et un professionnalisme propres à améliorer les missions de service public, de même que l'image de celui-ci auprès des citoyens. La loi sur la démocratie de proximité (27 février 2002) prévoit par ailleurs de fournir une aide juridique aux acteurs locaux, aide qui doit notamment permettre de prévenir les erreurs dans les passations de marchés.

CHAPITRE 4

LES COMPTES DE LA PROTECTION SOCIALE*

Qu'est-ce que la protection sociale ?

La protection sociale désigne tous les mécanismes de prévoyance collective, permettant aux individus de faire face aux conséquences financières des « risques sociaux ». Il s'agit de situations susceptibles de compromettre la sécurité économique de l'individu ou de sa famille, en provoquant une baisse de ses ressources ou une hausse de ses dépenses (vieillesse, maladie, invalidité, chômage, maternité, charges de famille, etc.).

Elle peut fonctionner selon trois logiques :
- **une logique d'assurance sociale**, dont l'objectif est de prémunir contre un risque de perte de revenu (chômage, maladie, vieillesse, accident du travail). Les prestations sociales sont financées par des cotisations sur les salaires (comme dans une assurance privée) et sont donc réservées à ceux qui cotisent ;
- **une logique d'assistance**, qui a pour objectif d'instaurer une solidarité entre les individus pour lutter contre les formes de pauvreté. Elle consiste à assurer un revenu minimum, qui ne couvre pas forcément un risque spécifique. Il est versé sous condition de ressources, mais non de cotisations préalables (revenu minimum d'insertion, allocation adulte handicapé) ;
- **une logique de protection universelle**, qui a pour but de couvrir certaines catégories de dépenses pour tous les individus. Les prestations sont donc accordées sans conditions de cotisations ni de ressources, mais sont les mêmes pour tous (prestations familiales).

Les systèmes les plus développés de protection sociale sont surtout le fait des pays européens. Leurs

* Source des données : Direction de la recherche, des études, de l'évaluation et des statistiques (DREES), *Les comptes de la protection sociale en 2007*, Études et résultats n° 667, octobre 2008 ; DREES, *Les comptes de la protection sociale en 2007*, Document de travail n° 134, mai 2009.

ressources sont constituées principalement par les impôts et les cotisations sociales. En France, le système de protection sociale représente plus de 500 milliards d'euros chaque année, soit près de 30 % du PIB.

Quelles sont les différentes ressources de la protection sociale ?

Les ressources de la protection sociale sont en progression constante. Elles suivent la croissance des dépenses de protection sociale. Elles se répartissent en trois catégories : cotisations sociales, « impôts et taxes affectés » et contributions publiques de l'État.

Depuis quelques années, la part de ces différentes ressources dans le financement de la protection sociale évolue. En effet, on assiste à une diminution du poids des cotisations sociales, qui restent quand même la première source de financement, et à une augmentation de la part des ressources fiscales, liée notamment à la montée en puissance de la contribution sociale généralisée (CSG). Cette évolution répond à la nécessité de ne pas faire peser le financement de la protection sociale sur les seuls revenus d'activité et de distinguer le financement des prestations relevant de la solidarité nationale de celles relevant de l'assurance.

La France s'est ainsi rapprochée de **la structure moyenne de financement de la protection sociale des pays de l'Union européenne**, même si elle demeure parmi les pays mettant le plus à contribution les revenus du travail.

▸▸ Les **cotisations sociales** sont des versements obligatoires effectués par les non-salariés, les employeurs et leurs salariés pour acquérir des droits à des prestations sociales. Il existe cinq cotisations de Sécurité sociale qui correspondent aux différents risques couverts. Il s'agit des cotisations :
- d'assurance maladie-maternité-invalidité-décès ;
- d'assurance vieillesse ;
- d'assurance veuvage ;
- d'allocations familiales ;
- d'accidents du travail.

Enfin, depuis le 1er juillet 2004, la nouvelle contribution de solidarité pour l'autonomie (CSA) a été mise en œuvre. Elle est due par les employeurs privés et publics redevables de la cotisation patronale d'assurance maladie. Son taux est de 0,3 %.

Les cotisations représentent une part prépondérante des ressources de la protection sociale (les deux tiers des recettes, hors transferts, soit 65,4% pour 2007). En effet, historiquement la protection sociale s'est construite, en France, sur une logique d'assurance sociale inspirée du système de Bismarck en Allemagne à la fin du XIXe siècle. Elle est caractérisée par le versement de cotisations. Cependant, leur poids tend à diminuer depuis 1990 au profit des ressources fiscales, mais aussi en raison des exonérations sur les cotisations employeurs.

Le financement fiscal par les « impôts et taxes affectés » (ITAF) constitue une part croissante des ressources de la protection sociale (21,4 % en 2007, hors transferts). Cette progression répond à la nécessité de ne pas faire peser le financement des prestations sociales uniquement sur les revenus du travail, et de distinguer le financement des prestations relevant de la solidarité nationale de celles de l'assurance.

Les « impôts et taxes affectés » sont des ressources fiscales affectées au financement des prestations sociales ou au financement des dépenses spécifiques de certains régimes d'assurances sociales. On distingue :
- les transferts de ressources fiscales versés de manière permanente au régime des exploitants agricoles ;
- les impôts sur les produits (droits de consommation sur les alcools et le tabac, taxes sur les assurances automobiles, taxe sur les activités polluantes...) ;
- les impôts sur les salaires et la main d'œuvre ;
- les impôts sur le revenu et le patrimoine. Ces derniers constituent la part la plus importante des « impôts et taxes affectés ». La contribution sociale généralisée (CSG), créée en 1991, est la principale ressource de ce type (64,8 % des impôts et taxes affectés en 2007). S'y ajoutent le prélèvement de 2 % sur les revenus des capitaux et des valeurs mobilières, et d'autres contributions plus mineures.

Les contributions publiques de l'État et des collectivités territoriales (9,9 % en 2007) financent des dépenses de solidarité (ex : revenu minimum d'insertion, Fonds de solidarité vieillesse), une partie des exonérations de cotisations employeurs pour les bas salaires, et subventionnent des régimes de façon permanente ou en cas de difficultés (ex : les régimes de retraite de certaines professions dans lesquelles le nombre d'actifs cotisants est inférieur au nombre de retraités).

Comment sont calculées les cotisations sociales ?

Les cotisations du régime général de Sécurité sociale sont calculées à partir de la rémunération des salariés. Il s'agit de « toutes les sommes versées aux travailleurs en contrepartie ou à l'occasion du travail » (salaires, indemnités, primes, pourboires, avantages en argent et en nature, etc.). Certains éléments de rémunération (ex : frais professionnels) en sont déduits.

Ce calcul comporte toutefois :
– pour l'ensemble des cotisations : **un plancher** correspondant au SMIC ou au minimum conventionnel ;
– pour certaines cotisations : **un plafond** fixé par décret chaque année au 1er janvier.

Le taux des cotisations est fixé par décret, puis appliqué soit à :
– la partie de la rémunération inférieure au plafond de Sécurité sociale pour les cotisations vieillesse et les cotisations patronales au Fonds national d'allocations logement ;
– l'ensemble de la rémunération pour les cotisations d'assurance maladie, maternité, invalidité, décès, veuvage et pour les cotisations d'allocations familiales et d'accidents du travail.

Une part de ces cotisations est à la charge des employeurs, et l'autre, à la charge des salariés. Le salaire brut correspond au salaire total duquel sont déduites les cotisations patronales ; le salaire net correspond au salaire brut diminué des cotisations salariales. L'employeur doit verser les deux parts de cotisations à l'Union de recouvrement des cotisations de Sécurité sociale et d'allocations familiales (URSSAF).

Des exonérations de cotisations patronales ont été mises en place depuis les années 1990 pour réduire le coût du travail et favoriser l'emploi.

Qu'est-ce que la CSG ?

▶▶ La contribution sociale généralisée (CSG) est **un impôt destiné à financer l'assurance maladie, les prestations familiales et le Fonds de solidarité vieillesse (FSV).** Créée par la loi de finances du 28 décembre 1990, elle est due par tous les résidents en France. Elle est prélevée à la source sur la plupart des revenus, à l'exception des prestations sociales et familiales.

Son taux s'élève à :
- 7,5 % pour les revenus d'activité et assimilés (salaires, primes...);
- 8,2 % pour les revenus du patrimoine et de placement (rentes viagères, plus-values...);
- 9,5 % pour les revenus du jeu;
- 6,2 ou 6,6 % pour les revenus de remplacement (pensions de retraite, allocations chômage,...).

Pour les revenus perçus à compter du 1er janvier 2005, elle est en partie déductible de l'impôt sur le revenu, à hauteur de 5,1 % pour les revenus d'activité et de 3,8 et 4,2 % pour les revenus de remplacement.

▶▶ **La CSG vise à diversifier le mode de financement de la protection sociale** qui reposait essentiellement sur les cotisations sociales. Ce système était devenu contestable en raison :
- d'un alourdissement du coût du travail;
- d'un problème d'efficacité et de justice du prélèvement qui ne pesait que sur les revenus du travail;
- d'un manque de légitimité car seuls les salariés cotisaient. Or, la Sécurité sociale s'est généralisée à tous les résidents en France.

▶▶ La CSG a donc permis :
- d'alléger le poids des cotisations sociales sur les salaires;
- de promouvoir un mode de financement plus cohérent avec la généralisation des prestations de Sécurité sociale;
- de faire contribuer l'ensemble des revenus des ménages (ex : revenus d'activités mais aussi du patrimoine et des jeux), contrairement aux cotisations sociales.

Son rendement est important (80,5 milliards d'euros en 2007) et elle représente près des deux tiers des impôts et taxes affectés à la protection sociale.

Qu'est-ce qu'une loi de financement de la Sécurité sociale ?

▶▶ La loi de financement de la Sécurité sociale (LFSS) est une **catégorie de loi créée par la révision de la Constitution du 22 février 1996**. Elle vise à maîtriser les dépenses sociales et de santé. Elle détermine les conditions nécessaires à l'équilibre financier de la Sécurité sociale et fixe les objectifs de dépenses en fonction des prévisions de recettes.

▶▶ La LFSS est votée par le Parlement tous les ans, à l'automne, en même temps que la loi de finances déterminant le budget de l'État (LF). Elle doit être déposée sur le bureau de l'Assemblée nationale au plus tard le 15 octobre et doit être adoptée dans les 50 jours. Elle peut aussi être modifiée en cours d'année par une LFSS rectificative.

▶▶ **La réforme constitutionnelle de 1996 a donné au Parlement un droit de regard** sur l'équilibre financier de la Sécurité sociale. Il peut dorénavant se prononcer sur les grandes orientations des politiques de santé et de sécurité sociale, et sur leurs modes de financement. La croissance des dépenses sociales et la généralisation de la protection sociale à l'ensemble des résidents, et non plus limitée aux salariés, ont rendu cette réforme nécessaire.

Mais ce contrôle reste limité. Le Parlement n'a pas le pouvoir de fixer lui même les recettes de la Sécurité sociale. La LFSS n'autorise pas la perception des recettes, elle ne fait que les prévoir. De même, les objectifs de dépenses, votés par le Parlement, évaluent les dépenses mais ne les limitent pas.

▶▶ **La loi organique du 2 août 2005 réforme les LFSS.** Elle en modifie la présentation en la rapprochant de celle des LF, élargit les pouvoirs du Parlement, notamment en élargissant le champ des LFSS, inscrit les prévisions dans un cadre pluriannuel et introduit une démarche «objectifs-résultats», sur le modèle des LF.

Les retraites et leur réforme

Depuis une décennie, la question des retraites occupe régulièrement le devant de la scène publique. La prise de conscience des conséquences potentielles du vieillissement démographique, et plus particulièrement de l'arrivée à la retraite des générations nombreuses du *baby-boom* à l'horizon 2005-2010, conduit régulièrement les analystes à faire des prévisions alarmistes sur l'avenir de notre système de retraite et à souligner l'urgence des réformes à entreprendre.

Un système dont la viabilité est en cause

Les craintes concernant la viabilité des systèmes de retraite s'appuient sur deux constats.

Le premier, d'ordre démographique, est commun à tous les pays industrialisés : le vieillissement continu de la population, résultant de l'allongement constant de l'espérance de vie et de la baisse du taux de fécondité, contribue à l'accroissement structurel du poids des plus de 65 ans dans la population. Égal à 16,5 % de la population totale aujourd'hui, il atteindrait 29 % en 2040. Cette évolution à long terme devrait être aggravée dans les prochaines années par un phénomène plus conjoncturel : l'accès à la retraite des classes d'âge nombreuses de l'après-guerre entraînant une augmentation du nombre de retraités et des dépenses du système de retraite.

Le second constat, d'ordre économique et social, est plus spécifique à l'Europe continentale et particulièrement accentué en France : il s'agit de la diminution de la durée de la vie active. Elle s'explique à la fois par une entrée plus tardive des jeunes sur le marché du travail (22 ans aujourd'hui contre 18 il y a 30 ans) et par une diminution importante de l'âge moyen de cessation d'activité (58,9 ans contre 62,4 ans) qui tient à la chute du taux d'activité des salariés âgés de 55 ans et plus (30 % contre 60 % il y a 30 ans). La réduction du nombre de cotisants, accentuée par les périodes de chômage et d'inactivité, se traduit par une baisse des ressources du système.

La situation des retraites en France semble préoccupante pour l'avenir, et les débats sont souvent vifs : système par répartition ou par capitalisation, durées de cotisation, niveaux des pensions, régimes spéciaux, épargne retraite… Au-delà de la diversité des solutions proposées pour assurer la pérennité du système français de retraites, le constat commun est celui d'un déséquilibre financier à venir de très grande ampleur.

En 2007, les dépenses au titre du risque « vieillesse-survie » représentaient 44,9 % des prestations de protection sociale totales.

Dans le scénario économique de référence du Conseil d'orientation des retraites (COR), le maintien de la réglementation actuelle entraînerait une élévation de ces dépenses à près de 14 % du PIB en 2020 et 16 % en 2040. Malgré cette hausse, le rapport entre la pension moyenne et le revenu moyen d'activité passerait de 0,78 à 0,64.

Le besoin de financement du système serait de 2 points de PIB en 2020 et de 4 en 2040. Le maintien du taux actuel de remplacement de la pension moyenne par rapport au revenu d'activité net (0,78 aujourd'hui) conduirait à un besoin de financement supplémentaire par rapport au scénario de référence de 2,5 points de PIB, le faisant passer à 6,5 % de la richesse nationale en 2040.

Les mesures prises depuis le début des années 1990

Face à ces évolutions inquiétantes, les pouvoirs publics français ont, depuis le début des années quatre-vingt-dix, mis en œuvre des réformes importantes. Une première série de mesures a permis de retarder l'échéance pour le régime général. Ainsi, la loi du 22 juillet 1993 sur les pensions de retraite et la sauvegarde de la protection sociale a instauré la revalorisation des pensions en fonction des prix et non plus des salaires, a relevé la durée d'assurance pour ouvrir droit à pension à taux plein de 150 à 160 trimestres et a modifié les années prises en compte pour le calcul du salaire de référence (passage des 10 aux 25 meilleures années). Pour les régimes ARRCO et AGIRC (1996) des mesures ont également été prises (hausse du taux de cotisation et diminution du rendement). Les propositions de réforme des régimes spéciaux contenues dans le plan de réforme d'Alain Juppé (1995) n'ont en revanche pu aboutir.

Puis, en 1999, un fonds de réserve pour les retraites a été institué, qui doit permettre de constituer une réserve d'épargne collective suffisante afin de lisser les efforts de financement des régimes entre 2020 et 2040. Il vise à financer les à-coups démographiques du système liés à l'arrivée des classes nombreuses à l'âge de la retraite, mais il n'est pas destiné à couvrir à long terme le besoin de financement des différents régimes de retraite par répartition.

En outre, au début des années 2000, l'épargne salariale a été réformée avec la création des plans partenariaux d'épargne salariale volontaire (PPESV) en 2001.

La réforme de 2003

La loi du 21 août 2003, entrée en vigueur au 1er janvier 2004, cherche à concilier deux objectifs :

– préserver le financement des retraites selon le principe de la répartition, garant de la solidarité intergénérationnelle ;

– faire face au défi démographique et financier des décennies à venir pour les régimes de retraites (accès des nombreuses classes d'âge d'après-guerre à la retraite et élévation continue de l'espérance de vie).

Les principaux changements introduits par la loi pour les assurés sont les suivants :

– l'alignement, à raison de deux trimestres supplémentaires par an, de la durée de cotisation des agents de la fonction publique sur les salariés du privé (soit 40 annuités) entre 2004 et 2008, puis le passage progressif (à raison d'un trimestre par an) à 41 ans pour tous les salariés en 2012, avec instauration d'une décote en cas d'anticipation ou d'une surcote en cas de retardement de son départ en retraite ;

– l'indexation des pensions sur les prix (et non plus sur les traitements des actifs), afin de garantir le pouvoir d'achat des pensions ;

– la mise en œuvre de mesures correctives : relèvement du niveau de retraite minimum garanti, possibilité de cumuler emploi et retraite, prise en compte d'une fraction des primes des fonctionnaires dans le calcul de leur pension… ;
– la création de deux nouveaux dispositifs d'épargne salariale facultatifs : un contrat individuel, le PERP (Plan d'épargne retraite populaire) et un contrat collectif, en entreprise, le PERCO (Plan d'épargne pour la retraite collectif).

Face à un besoin de financement du régime général et de celui des fonctionnaires estimé par le COR à 43 milliards d'euros en 2020, la réforme prévoit de réduire les dépenses de plus de 18 milliards d'euros (pour trois quarts dans la fonction publique) et d'augmenter les recettes de 25 milliards d'euros. La réalisation de ce plan d'équilibre financier fait néanmoins l'objet d'un débat, certains mettant notamment en doute la pertinence du scénario central du COR (taux de chômage de 4,5 % à partir de 2010).

Quelles sont les différentes prestations sociales ?

Les prestations sociales désignent toutes les prestations en espèces (revenu de remplacement, ex : indemnités journalières) **ou en nature** (remboursement des dépenses engagées ou financement direct de services) **que les institutions de protection sociale versent à leurs bénéficiaires.** Elles constituent une des formes de la redistribution des revenus et représentaient, en 2007, 29 % du produit intérieur brut.

Les comptes de la protection sociale, publiés annuellement, distinguent **cinq catégories de prestations** correspondant à autant de risques :
– **le risque « vieillesse-survie » :** le plus important, il représente 44,9 % des prestations en 2007, en raison du poids des retraites. Il inclut la prise en charge de la dépendance qui n'est pas reconnu comme un risque à part entière, malgré la mise en place de l'allocation personnalisée d'autonomie, instituée par la loi du 20 juillet 2001, et de la Caisse nationale de solidarité pour l'autonomie, créée par la loi du 30 juin 2004 ;
– **le risque santé** : inclut la maladie, l'invalidité, les accidents du travail et les maladies professionnelles. En 2007, il représentait 35,5 % des prestations servies ;
– **le risque « maternité-famille »** : inclut notamment les indemnités journalières, l'allocation pour jeune enfant,

les allocations familiales, les aides à la garde d'enfant et l'essentiel des aides au logement. Il représente 9,2 % des prestations ;

– **le risque « emploi »** : c'est-à-dire l'indemnisation du chômage, les aides à la réadaptation et la réinsertion professionnelle, les préretraites, soit 6,2 % des prestations ;

– **le risque « exclusion sociale »** pris en charge, jusqu'à la mise en place du revenu de solidarité active (RSA) le 1er juin 2009, à 80 % par le revenu minimum d'insertion (RMI), constitue 1,5 % des prestations.

Les trois quarts de ces prestations sont versés par les organismes de Sécurité sociale.

Comment ont évolué les prestations sociales depuis 20 ans ?

Sous l'effet de facteurs multiples (ex : amélioration des prestations, vieillissement de la population, croissance économique), **les prestations sociales ont progressé sur l'ensemble de la période plus vite que la production nationale**. Leur poids dans le PIB est ainsi passé de 25 % en 1981 à 29 % en 2007, une progression néanmoins plus faible que sur la période précédente.

La structure des prestations est restée, pour sa part, relativement stable sur ces vingt dernières années. Ainsi, les prestations « vieillesse » et « santé » prédominent toujours et représentent les 3/4 des prestations sociales. **Quelques tendances** peuvent être néanmoins observées :

– **la progression des prestations « vieillesse-survie »** (13,1 % du PIB en 2007), sous l'effet du vieillissement démographique, du développement des régimes complémentaires et de la montée en puissance des systèmes de retraite. Cette hausse devrait s'accélérer avec l'arrivée à l'âge de la retraite des générations du *baby-boom* ;

– **une reprise de la progression des prestations liées au risque de santé** (10,3 % du PIB en 2007), dont la part dans le PIB tendait à stagner après plusieurs années de hausse, du fait des dépenses de médicaments et de la montée en puissance de la couverture maladie universelle (CMU) ;

– **une progression des prestations «pauvreté-exclusion»**, avec la création du revenu minimum d'insertion (RMI) en 1988;
– **la poursuite de la baisse des prestations «famille-maternité»** (9,2 % des prestations sociales en 2007), malgré la progression des aides au logement et la multiplication des objectifs poursuivis;
– **une augmentation des prestations «emploi»** avec l'apparition d'un «chômage de masse». Leur part dans les prestations sociales tend toutefois à se stabiliser et leur évolution reste fortement liée à celle de la conjoncture économique (ex : très forte hausse de 1981 à 1986, baisse importante après 1997, reprise depuis 2002).

La période est aussi marquée par l'apparition de nouvelles prestations qui vont dans le sens d'une meilleure couverture sociale de la population (couverture maladie universelle, revenu minimum d'insertion) et de la prise en charge de nouveaux risques (ex : dépendance avec l'allocation personnalisée autonomie).

La réforme de l'assurance maladie

Le niveau des dépenses publiques de santé en France est l'un des plus élevés au monde : avec 8,1 % du PIB en 2005, il est le cinquième plus élevé de l'OCDE, après la Norvège, l'Islande, l'Allemagne et la Suède. Ces dépenses importantes reflètent le haut niveau de protection offert par l'assurance maladie, qui prend en charge une part élevée des dépenses de santé, mais également la progression non maîtrisée de ces dépenses. Malgré la réforme de l'organisation de la Sécurité sociale en 1996, les dépenses d'assurance maladie progressent à un rythme supérieur à celui du PIB, mais également à celui des recettes d'assurance maladie (cotisations sociales et impôts), ce qui provoque des déficits récurrents (11 milliards d'euros en 2003 et 11,6 milliards d'euros en 2004).

Face à ces évolutions non maîtrisées, la loi du 13 août 2004 relative à l'assurance maladie a pour objectif de réformer en profondeur le système selon trois orientations :
– la réorganisation de la gestion de l'assurance maladie;
– une nouvelle organisation des soins qui vise la maîtrise des dépenses de santé;
– une réforme du financement de l'assurance maladie.

La réorganisation de la gestion de l'assurance maladie

La réforme de la gouvernance vise une gestion plus efficace de la Sécurité sociale par une redéfinition des rôles des différents acteurs.

L'État reste le garant des principes fondamentaux de notre système de soins et d'assurance maladie. Il fixe les grands objectifs de santé publique, les conditions de l'équilibre des régimes sociaux et les conditions d'un égal accès de tous à des soins de qualité sur l'ensemble du territoire.

L'assurance maladie voit ses compétences renforcées (association à la définition de la politique hospitalière et de la politique du médicament, pouvoirs nouveaux dans le domaine des soins ambulatoires). Pour assurer cette délégation de gestion élargie, les principaux régimes d'assurance maladie sont regroupés dans une Union nationale des caisses maladie (UNCAM), qui s'appuie sur un partenariat avec les organismes de couverture complémentaires et les professionnels de santé.

Enfin, une autorité indépendante, la Haute autorité de santé, est instaurée. Elle a pour rôle l'amélioration de la qualité des soins, par la définition de références et de recommandations pour les professionnels de santé et l'évaluation des pratiques. Elle coordonne notamment le travail de l'Agence française de sécurité sanitaire des produits de santé (AFSSAPS).

Une nouvelle organisation des soins pour maîtriser les dépenses de santé

La réforme prévoit la mise en place, pour chaque bénéficiaire de l'assurance maladie âgé de plus de 16 ans, d'un **dossier médical personnel** unique et informatisé à la mi-2007. Il permettra à tous les médecins, avec l'accord du patient, de suivre le parcours médical du malade dans l'ensemble du système de soins. L'instauration de ce dossier doit permettre de mieux coordonner les soins, d'améliorer leur qualité et d'éviter des actes et des prescriptions inutiles. L'accès au dossier médical personnel sera sécurisé par l'utilisation conjointe de la carte de professionnel de santé et de la carte Vitale du patient, qui sera dotée d'une photo.

La meilleure coordination des soins est également permise par le choix d'un **médecin traitant**, généraliste ou spécialiste, qui a la charge de coordonner le dossier médical personnel et d'orienter le patient dans son parcours de soins vers le professionnel de santé le plus apte à traiter sa situation spécifique. L'instauration du médecin traitant ne restreint pas la liberté de choix des patients : le choix du médecin traitant est totalement libre, et peut être modifié à tout moment, et le patient peut ne pas respecter ses prescriptions d'orientation. Néanmoins, les patients qui ne souhaitent pas s'inscrire dans ce dispositif se voient appliquer des taux de remboursement par l'assurance maladie réduits, et les professionnels de santé peuvent pratiquer des dépassements de tarifs. L'obligation d'orientation par un médecin traitant ne s'impose toutefois pas pour les consultations simples chez le pédiatre, le gynécologue, l'ophtalmologue et le dentiste.

La réforme poursuit également **le développement des médicaments génériques** pour combler le retard français (13 % des boîtes vendues à l'officine en France contre 50 % au Royaume-Uni ou aux États-Unis). Leur mise sur le marché sera autorisée plus rapidement, leur prix diminué et les pharmaciens encouragés à les distribuer.

L'instauration d'une contribution forfaitaire d'un euro à la charge des assurés pour chaque consultation vise à la fois à procurer des recettes nouvelles, mais également à responsabiliser les patients dans leur comportement de soins en leur faisant supporter directement une part des frais. Sont exonérés de cette contribution les mineurs, les bénéficiaires de la CMU complémentaire (CMUC) et les femmes enceintes de plus de 6 mois ou venant d'accoucher.

Par ailleurs, un contrôle accru est exercé sur les prescriptions d'arrêts de travail, à l'endroit des patients et des médecins.

Enfin, une **aide à l'acquisition d'une complémentaire santé** est instaurée afin de faciliter l'accès à une assurance maladie complémentaire. Cette aide bénéficie à environ 2 millions de personnes à revenus modestes qui ne disposent pas actuellement d'une complémentaire santé et dont les revenus dépassent les seuils d'accès à la CMUC (plafond de la couverture universelle majoré de 15 %).

Les recettes supplémentaires et le bouclage financier de la réforme

Le plan d'économie a pour objectif de réaliser 15 milliards d'euros d'économies, il s'articulera autour de trois volets :
– la rationalisation de l'offre de soins devrait permettre d'économiser 9,8 milliards d'euros, notamment par le déploiement de l'ensemble des outils de la maîtrise médicalisée et la modernisation de la gestion hospitalière ;
– la participation des usagers devrait dégager 1 milliard d'euros supplémentaires (participation d'un euro par consultation, revalorisation du forfait journalier hospitalier d'un euro par an pendant 3 ans) ;
– enfin, des recettes nouvelles sont prévues à hauteur de 4,2 milliards d'euros.

Ce dernier volet s'articule autour :
– d'une hausse de la contribution sociale généralisée (CSG) estimée à 2,3 milliards d'euros : hausse de l'assiette pour les revenus d'activité et les allocations de chômage assujetties à la CSG, et hausse du taux pour les autres revenus (pensions de retraites, d'invalidité et préretraites, les revenus du patrimoine, de placement et produits du jeu) ;
– d'une participation des entreprises avec une hausse de la contribution sociale de solidarité des sociétés – C3S – (0,9 milliard d'euros) et des taxes sur les entreprises du médicament ;
– d'une participation de l'État qui reversera une partie des droits du tabac au titre des « charges indues » à l'assurance maladie (1 milliard d'euros).

Ces mesures ont permis de réduire, dès 2005, le déficit de l'assurance maladie (8 milliards d'euros en 2005 contre 11,6 en 2004, et 5,9 en 2006). Mais en 2009, alors que le déficit du régime général devrait doubler pour atteindre 20 milliards d'euros (en raison d'un effondrement des recettes directement imputable à la chute de l'emploi, du fait de la crise économique), c'est la branche maladie qui devrait être la plus fortement touchée, avec une dégradation de son solde d'environ 5 milliards d'euros (soit un déficit de 9,4 milliards), mettant un terme au redressement progressif engagé depuis 2005.

CHAPITRE 5

LES FINANCES PUBLIQUES FRANÇAISES ET L'UNION EUROPÉENNE*

Quel est le budget de l'Union européenne ?

▶▶ **L'essentiel du budget de l'Union européenne (UE) est constitué du « budget général ».** Établi annuellement, il retrace les recettes et dépenses de la Communauté européenne. L'UE ne prélève elle-même aucun impôt, le budget est donc financé par quatre « ressources propres » mises à disposition par les États : droits de douane, prélèvements agricoles, « ressource TVA » calculée à partir de l'assiette harmonisée de la taxe sur la valeur ajoutée, ressource complémentaire d'équilibre dite « ressource PNB ».

Hors budget, **des contributions nationales financent d'autres types de dépenses** (ex : Fonds européen de développement, certaines dépenses des 2e et 3e piliers – politique étrangère et de sécurité commune et coopération policière et judiciaire pénale).

▶▶ **Le budget de l'UE doit être obligatoirement équilibré en recettes et en dépenses.** La Communauté n'est pas autorisée à recourir à l'emprunt pour couvrir ses dépenses. Afin d'éviter tout dérapage, depuis 1988, des « perspectives financières » fixent un plafond et la composition des dépenses pour plusieurs années. Les quatrièmes perspectives adoptées couvrent la période 2007-2013 et prévoient 864,3 milliards d'euros de crédits d'engagements (aux prix 2004).

▶▶ **Le budget de l'UE, en termes de masses financières, s'élève à un montant modique :** 1,03 % du revenu national

* Source des données : Commission européenne, *Budget général de l'Union européenne pour l'exercice 2009. Synthèse chiffrée*, janvier 2009.

brut (RNB) de l'UE à 27 en 2009. Le budget s'élève à 133,8 milliards d'euros en crédits d'engagements pour 2009. 40,8 % de ces crédits sont consacrés à la politique agricole et de développement rural et 28,3 % à la politique régionale.

À titre de comparaison, le budget de la France était de 381,4 milliards d'euros, en autorisations d'engagement, dans le projet de loi de finances 2009. Le budget de l'UE n'est en rien comparable à celui d'un État fédéral : aux États-Unis, la part du budget central, estimé par référence au PNB, est plus de dix fois supérieur à celui de l'UE.

Quelles sont les ressources de l'Union européenne ?

L'Union européenne dispose de plusieurs types de ressources. Elle ne prélève elle-même aucun impôt, car elle n'est pas dotée des services administratifs nécessaires. Ce sont les États membres qui mettent automatiquement des ressources à sa disposition, sans pouvoir s'y opposer. Le montant total des recettes prévues en 2009 s'élève à 116,09 milliards d'euros.

Tout d'abord dans le cadre du **budget général des Communautés européennes,** c'est-à-dire du premier pilier de l'UE, elle dispose de quatre ressources propres. Les trois premières ont été créées par la décision du Conseil du 21 avril 1970 et la quatrième par la décision du 24 juin 1988. Il s'agit :

– **des droits de douane** perçus sur les importations en provenance de pays tiers au sein de l'UE, en application du tarif douanier commun en vigueur aux frontières extérieures de l'Union. Les accords de réduction ou de suppression des droits de douane (ex : accords dans le cadre de l'Organisation mondiale du commerce) ont entraîné la diminution de l'importance de cette ressource. Elle représente 15,2 % de la totalité des ressources propres en 2009;

– **des prélèvements agricoles** perçus sur les importations dans l'UE de produits agricoles couverts par la politique agricole commune (PAC). Ces taxes prélevées doivent compenser la différence entre les cours mondiaux et les prix plus élevés de l'Union. La part de cette ressource est marginale. Elle représente 1,3 % de la totalité des ressources propres en 2009;

– **de la « ressource TVA »** qui est une contribution des États membres correspondant au montant d'une TVA perçue au taux de 1 % sur une assiette harmonisée entre les pays de l'UE de la taxe sur la valeur ajoutée (TVA) qu'ils perçoivent. Ce taux est passé à 0,5 % en 2004. L'assiette de TVA prise en compte pour chaque État a été plafonnée à 50 % de son PNB depuis 1999. La « ressource TVA » a cessé d'être la principale ressource des Communautés. Elle représente 16,9 % de la totalité des ressources propres en 2009;

– **d'une ressource complémentaire d'équilibre dite « ressource PNB »**, qui est un prélèvement, sur le PNB (aujourd'hui revenu national brut-RNB), de chaque État membre d'un pourcentage fixé annuellement par le budget de l'Union. Cette ressource est complémentaire, c'est-à-dire qu'elle n'est perçue que si les autres ressources propres sont insuffisantes pour couvrir les dépenses. Cette ressource est en croissance rapide. Elle représente 65,4 % de la totalité des ressources propres en 2009.

Les droits de douane et les prélèvements agricoles sont des ressources propres dites « traditionnelles », correspondant à des versements effectués par des personnes physiques ou morales (ex : entreprises). La « ressource TVA » et la « ressource PNB » sont des ressources propres dites « nouvelles », constituées par des prélèvements des États membres sur leurs recettes.

La décision du Conseil du 24 juin 1988 a également établi le principe d'un plafonnement global des quatre ressources propres. Celui-ci s'élève à 1,24 % du RNB (anciennement 1,27 % du PNB) des États membres de l'UE.

Hors budget des Communautés, des **contributions des États membres** financent d'autres types de dépenses. Il s'agit :

– du Fonds européen de développement (FED) qui regroupe les aides communautaires accordées aux pays d'Afrique, des Caraïbes et du Pacifique;

– certaines dépenses des 2e et 3e piliers (politique étrangère et de sécurité commune et coopération policière et judiciaire pénale).

▶ Enfin, **l'emprunt qui est une ressource hors budget communautaire**, car seules les ressources propres doivent garantir l'équilibre du budget des Communautés.

Les emprunts contractés par la Communauté servent à accorder des prêts (ex : prêts à des pays tiers associés, aide alimentaire).

Quelles sont les dépenses de l'Union européenne ?

Les dépenses de l'Union européenne sont quasi exclusivement des dépenses d'intervention, dites également « opérationnelles ».

▶ En effet, **les dépenses de fonctionnement,** c'est-à-dire salaires et retraites des fonctionnaires européens, dépenses liées aux immeubles et au matériel, ne représentent que **5,7 % du budget des Communautés en 2009.** Ce qui est très faible. À titre de comparaison, la même catégorie de dépense représentait en 2009, 31,4 % du budget général de la France.

Les faibles effectifs des administrations communautaires, environ 34 000 emplois en 2009, expliquent cette situation.

▶ **Les dépenses opérationnelles**, c'est-à-dire les dépenses liées à des actions et politiques de l'Union, représentent donc **un peu moins de 95 % du budget**. Mais leur répartition n'est pas équilibrée. Ainsi, en crédits d'engagements :
– la « **croissance durable** » est devenue la priorité affichée de l'UE. Regroupant l'ensemble des actions visant à favoriser la compétitivité et la cohésion pour la croissance et l'emploi, dans le cadre de la stratégie de Lisbonne, elle est désormais la première dépense d'intervention, avec 60,2 milliards d'euros, soit **45 % du budget en 2009**. Elle comprend tout d'abord les engagements financiers en faveur des fonds dits « structurels » et du Fonds de cohésion (48,4 milliards d'euros), mais aussi les dépenses pour la recherche, l'innovation, la compétitivité, les réseaux transeuropéens de transports et d'énergie et l'éducation ;
– si la « **conservation et gestion des ressources naturelles** » n'est donc plus le premier poste, elle représente

encore **41,9 % du budget communautaire** en 2009, avec 56,1 milliards d'euros. Elle comprend principalement les dépenses agricoles et les aides directes dans le cadre de la PAC (pour 41,1 milliards d'euros), ainsi que les dépenses liées au développement rural (13,6 milliards d'euros); parmi les autres postes figurent, par exemple, l'action en faveur de l'environnement ou les affaires maritimes et la pêche pour seulement 1,25 milliard d'euros. L'importance de la PAC a diminué depuis quelques années, car, en 1992, elle représentait 60 % du budget contre 40,8 en 2009. Cette baisse est due aux réformes de la PAC de 1992 et 1999 et au développement des autres politiques communautaires nécessitant également des financements;

– **l'« UE acteur mondial »** est la troisième dépense et représente 8,1 milliards d'euros, soit **6,1 % du budget**. Elle permet de financer les politiques de coopération au développement, de voisinage et de partenariat, de préadhésion, d'aide humanitaire, de démocratie et des droits de l'homme, ainsi que la politique étrangère et de sécurité commune (PESC);

– la rubrique « **citoyenneté, liberté, sécurité et justice** » représente 1,5 milliard d'euros, soit **1,1 % du budget**. La sous-rubrique « liberté, sécurité et justice » concerne la protection des droits fondamentaux, la justice, la sécurité et la protection des libertés, la gestion des flux migratoires. La seconde sous-rubrique, « citoyenneté », entend favoriser une meilleure compréhension de l'UE et assurer un accès aux biens et services de base. Elle comprend notamment des programmes d'information et de communication et des mesures visant à favoriser la culture et la diversité européennes;

– les **compensations**, à destination de la Bulgarie (pour près de 31 %) et de la Roumanie (pour 69 %), représentent **0,16 % du budget** 2009 (0,21 milliard d'euros). Elles doivent notamment permettre de financer les contrôles aux frontières extérieures de l'UE.

Comment s'élabore le budget de l'Union européenne ?

Le Conseil de l'Union (Conseil des ministres) et le Parlement partagent les compétences en matière budgétaire. Les traités établissent une **procédure annuelle** :

– un avant-projet de budget est présenté par la Commission au Conseil de l'Union réunissant les ministres du Budget;
– le Conseil, après discussion et corrections éventuelles, adopte un projet de budget transmis au Parlement;
– en première lecture, le Parlement peut voter, à la majorité absolue des suffrages exprimés, des propositions de modifications des dépenses obligatoires et à la majorité des membres du Parlement des amendements sur les dépenses non-obligatoires. Le texte est alors retransmis au Conseil;
– en deuxième lecture, le Conseil arrête le montant des dépenses obligatoires (telles qu'elles découlent des traités) et le Parlement celui des dépenses non obligatoires;
– le président du Parlement arrête le budget; le Parlement dispose également du pouvoir de le rejeter à la majorité de ses membres et des 2/3 des suffrages exprimés.

L'exécution du budget est assurée par la Commission.

▸▸ Plusieurs crises dans les années 1980 ont été résolues par la passation **d'accords interinstitutionnels entre la Commission, le Conseil et le Parlement**, qui établissent principalement un **cadre budgétaire pluriannuel** et un plafond d'appel aux ressources propres nationales fixé à 1,24 % du RNB (revenu national brut). Le cadre financier actuel de l'Union couvre la période 2007-2013.

Comment la France participe-t-elle au financement de l'Union européenne ?

▸▸ **Pour 2009, la France a fourni 15,8 % des ressources de l'UE**, derrière l'Allemagne (19,7 %). Cependant, en solde net (contributions au budget de l'UE – dépenses de l'UE en France), elle est considérée comme un contributeur de second rang car elle est un important bénéficiaire de la politique agricole commune.

▸▸ La contribution française au budget de l'UE absorbe environ 7 % des recettes fiscales nettes nationales. Elle s'inscrit dans la loi de finances sous la forme d'un prélèvement sur les recettes de l'État égal au montant de la participation de la France aux ressources propres de l'UE, prévu dans le budget de l'UE.

▶▶ Le principe de la solidarité entre États membres ne va pas de soi : **des conflits opposent les États sur le rapport entre leur contribution et le montant reçu**. Des déséquilibres se manifestent entre « contributeurs nets » et « bénéficiaires nets ». Le Royaume-Uni a ainsi obtenu la mise en place en 1984 d'un mécanisme correcteur, sa moindre contribution étant compensée par un surcroît de contribution des autres États membres. Or, depuis 2000, quatre États membres (Allemagne, Autriche, Pays-Bas, Suède) ont obtenu de ne payer qu'un quart de leur part de la « correction britannique ». Il revient donc aux autres États membres de fournir une contribution supplémentaire au prorata de leur PNB.

La charge est lourde en 2009 pour la France (25,7 % de la corrrection britannique), l'Italie (20,4 %) et l'Espagne (14,1 %). Dans le cadre des perspectives financières 2007-2013, de nouvelles modalités de calcul de la compensation en faveur du Royaume-Uni ont été définies. Celui-ci a notamment accepté de réduire le montant de son « chèque » de 10,5 milliards d'euros pour cette période, sur les 50 à 55 milliards attendus. Le budget 2009 prévoit encore 6,3 milliards d'euros pour la correction britannique.

Budget et contraintes européennes

Les critères fixés en 1992 pour participer à l'UEM...

Le traité de Maastricht signé en février 1992, ratifié par la France en septembre 1992 par référendum et entré en vigueur le 1er novembre 1993, prévoit que les pays de l'Union européenne peuvent participer à l'Union économique et monétaire (UEM) à condition de remplir cinq « critères de convergence ». Parmi ces critères, deux concernent respectivement le déficit et la dette cumulés de l'ensemble des administrations publiques (État, Sécurité sociale, collectivités territoriales) :

– d'une part, le déficit des administrations publiques ne doit pas dépasser 3 % du produit intérieur brut (PIB) ;

– d'autre part, la dette publique ne doit pas dépasser 60 % du PIB ou doit se rapprocher de ce seuil.

L'objectif du critère concernant la dette publique est d'éviter que la dette d'un État de la zone euro ne devienne insoutenable, car l'Union n'aurait alors plus le choix qu'entre des solutions désastreuses :

– le renflouement du pays en cessation de paiement par ses partenaires ;

– la répudiation de la dette de ce pays ;

– l'éclatement de l'Union ;

– la renonciation au principe de non-renflouement établi par le traité de Maastricht, d'après lequel la dette publique des pays de la zone euro ne peut plus être financée par les émissions monétaires (c'est-à-dire par l'inflation).

Le critère relatif au déficit public procède pour sa part d'un double constat.

Auparavant, lorsqu'un pays conduisait seul une relance budgétaire, il en concentrait les inconvénients et ses partenaires en retiraient surtout des avantages (les dépenses publiques destinées à relancer sa demande intérieure se traduisaient en effet par une hausse des exportations de ses principaux partenaires commerciaux). Cela n'est plus le cas dans l'Union économique et monétaire. En effet, un pays qui conduit seul une politique budgétaire expansionniste en partage désormais les effets défavorables avec tous les membres de l'Union (tensions inflationnistes, hausse des taux d'intérêt, appréciation du taux de change de l'euro). L'existence de ces « externalités négatives » justifiait une forte coordination des politiques budgétaires ou, à défaut, l'adoption de règles minimales permettant d'encadrer les politiques budgétaires, comme l'obligation d'un déficit public inférieur à 3 % du PIB.

En outre, il était très difficile de fixer des règles qui influent directement sur le ratio dette publique / PIB, parce que l'évolution de ce ratio dépend de trop nombreux facteurs et que les situations de départ des pays de la zone euro étaient trop hétérogènes. À l'inverse, le respect d'un déficit maximal permettait indirectement de contenir l'évolution des dettes publiques.

...précisés par le pacte de stabilité et de croissance en 1997

Les critères de Maastricht ont été précisés et complétés par le pacte de stabilité et de croissance adopté par le Conseil européen d'Amsterdam en juin 1997. À travers ce dernier, les États de la zone euro se sont engagés :

– à parvenir à une position budgétaire « proche de l'équilibre ou en excédent à moyen terme » afin de pouvoir faire face aux effets des fluctuations conjoncturelles sur les dépenses et sur les recettes publiques, sans dépasser pour autant le seuil de 3 % du PIB de déficit public ;

– à présenter chaque année au Conseil des ministres de l'économie et des finances (dit aussi « Conseil Ecofin ») « un programme de stabilité » dans lequel ils communiqueront régulièrement leurs prévisions de croissance et de politique budgétaires pour les trois années suivantes. Lorsque c'est nécessaire, ces dernières doivent faire apparaître un retour vers l'équilibre des finances publiques.

Par ailleurs, les États de l'Union européenne ont harmonisé (sous l'égide d'Eurostat) leurs modes de calcul de la dette et du déficit publics.

Enfin, ils ont mis en place deux types de procédures :

– Une procédure d'examen et de surveillance mutuelle de leurs politiques économiques et de l'évolution de leurs finances publiques. Le Conseil adopte ainsi chaque année les « grandes orientations des politiques économiques » (GOPE) pour l'ensemble des États membres de l'Union. Il rend également un avis sur les programmes de stabilité et peut, sur recommandation de la Commission européenne, adresser une recommandation aux États membres dont la politique économique ne serait pas conforme aux GOPE ou compromettrait le bon fonctionnement de l'Union européenne. Cette recommandation de la Commission peut être considérée comme un « avertissement préventif » à destination d'un pays qui ne respecte pas ses engagements, ou encore le lancement d'une procédure pour « déficit excessif », comme pour l'Allemagne en janvier 2003.

– Une procédure de sanction. En cas de déficit supérieur à 3 % du PIB, le Conseil, sur recommandation de la Commission, peut proposer une stratégie d'actions à entreprendre dans les dix mois sous peine de sanctions. Ces sanctions prennent la forme d'un dépôt non rémunéré d'un montant variable (entre 0,2 % et 0,5 % du PIB du pays concerné selon le niveau du déficit), qui n'est restitué que s'il est remédié au déficit excessif dans un délai de deux ans. Cette procédure de sanction prévoit tout de même quelques dérogations, notamment en cas de « circonstances exceptionnelles » définies par le Pacte de stabilité et de croissance comme une baisse du PIB de plus de 2 % en glissement annuel. La réforme du Pacte de 2005 a conduit à assouplir ces contraintes en prenant en compte toutes les récessions et la nature des dépenses financées par le déficit (investissements, réunification allemande, etc.). Le critère des 3 % du PIB est maintenu, mais pourra désormais être dépassé dans des circonstances exceptionnelles.

LIENS UTILES

Le site du ministère du Budget, des Comptes publics, de la Fonction publique et de la Réforme de l'État

– rubrique « Budget de l'État »
(www.budget.gouv.fr/themes/finances_etat/budget/index.htm)

On peut y consulter toutes les lois de finances votées entre 1996 et 2009, les programmes pluriannuels des finances publiques depuis 1999, le texte de la LOLF. Des documents budgétaires (rapports économiques et sociaux, « jaunes », « bleus » et circulaires budgétaires depuis 1998...) ainsi qu'une documentation relative à la modernisation de la gestion publique y sont également disponibles. Enfin, il vous est possible de connaître la situation du budget de l'État avec les données les plus récentes.

– rubrique « Finances locales »
(www.budget.gouv.fr/themes/gestion_collectivites_locales/finances_locales/index.htm)

On y trouve des informations sur l'effort financier de l'État en faveur des collectivités, sur la fiscalité locale et sur les budgets des collectivités.

Le site du Forum de la performance du ministère du Budget, des Comptes publics, de la Fonction publique et de la Réforme de l'État

(www.performance-publique.gouv.fr/)

Ce site s'organise autour de cinq rubriques : les enjeux des finances publiques, le budget et les comptes de l'État, la performance de l'action publique, les acteurs de la performance, les ressources documentaires.

Ce site permet donc d'accéder à tous les documents présentant le budget de l'année, la LOLF et ses mécanismes, les audits de modernisation lancés par vagues successives par le ministère du Budget depuis octobre 2005, et la révision générale des politiques publiques (RGPP), en cours depuis fin 2007.

Le site du ministère de l'Économie de l'Industrie et de l'Emploi et du ministère du Budget, des Comptes publics et de la Fonction publique
(www.colloc.bercy.gouv.fr)

Ce site très riche propose une présentation des aspects budgétaires, financiers et comptables des collectivités territoriales. Il se compose de quatre grandes rubriques traitant des finances locales, de la gestion locale, de l'intercommunalité et des marchés publics. Des définitions et de nombreux documents statistiques, législatifs ou réglementaires nourrissent chacune de ces rubriques. Enfin, une rubrique actualité complète l'information.

À noter particulièrement sur ce site, **le guide de l'intercommunalité.**
(www.colloc.bercy.gouv.fr/colo_struct_intercom/index.html)

Ce guide fournit des informations précises sur les aspects institutionnels, budgétaires, comptables, financiers et fiscaux de l'intercommunalité, après la réforme introduite par la loi du 12 juillet 1999.

Le site de la Direction générale des collectivités locales (DGCL)
(http://www.dgcl.interieur.gouv.fr/)

La DGCL constitue le lien administratif privilégié entre l'État et les collectivités territoriales. Ce site vous offre la possibilité de mieux connaître les missions, l'organisation et l'activité de la DGCL. Il vous donne également accès à des bases de données relatives aux collectivités territoriales (finances des communes, des départements, des régions, données statistiques et chiffrées sur la fiscalité locale ainsi que sur l'intercommunalité). De plus, il fait le point sur certaines réformes en cours, rappelle le droit qui régit les collectivités territoriales, et propose des liens vers différents conseils et organismes (Comité des finances locales, Conseil supérieur de la fonction publique territoriale…).

Le site de France Trésor
(www.aft.gouv.fr)

L'agence France Trésor est chargée de la gestion de la dette de l'État. À ce titre, elle consacre une partie de son site au financement de la dette de l'État (tableaux chiffrés, séries statistiques) et 20 questions-réponses en présentent les différents aspects.

Le site de la Cour des comptes
(www.ccomptes.fr/fr/JF/Accueil.html)

Le site de la Cour des comptes s'articule autour de trois grandes parties :
- une partie consacrée à l'institution elle-même (missions et compétences, organisation, carrières des magistrats, activités internationales…);
- une partie relative aux textes de référence de l'institution;
- une partie «Publications» (rapports sur l'exécution des lois de finances et des lois de financement de la sécurité sociale, rapports publics…).

Le site propose également une présentation :
- des chambres régionales des comptes;
- des organismes associés (Cour de discipline budgétaire et financière…);
- ainsi que des rubriques pratiques («actualités», «glossaires», «liens utiles»…).

Le portail de la Sécurité sociale
(www.securite-sociale.fr/)

Le portail s'organise autour de trois axes : une présentation de la Sécurité sociale, de l'actualité juridique et des différents organismes, avec des renvois vers leur site. Dans la rubrique «Sécurité sociale», on peut trouver outre un historique, un organigramme et une présentation des branches, des données financières et comptables et les dernières lois de financement de la Sécurité sociale.

Le site du ministère de la Santé et des Sports
(www.sante-jeunesse-sports.gouv.fr/)

Ce site propose dans sa rubrique «études, recherches et statistiques», des études, documents de travail et publications sur le domaine de la santé et sur ses modes de financement. On y trouvera notamment *Les comptes de la protection sociale,* publication annuelle de la Direction de la Recherche, des Études, de l'Évaluation et des Statistiques (DREES), synthèse des comptes de la protection sociale.

Le site d'information sur l'avenir des retraites
(http://www.retraites.gouv.fr/site_retraite/index.html)

Ce site d'information du gouvernement, désormais archivé, propose plusieurs rubriques :
- «questions-réponses» présente le système de retraite français;
- «la réforme dans les faits» rassemble des articles et des dossiers sur le processus de réforme gouvernemental;
- «retraite sur la toile» présente les sites des partenaires sociaux, ministères et organismes paritaires concernés.

Le site Ameli, l'Assurance maladie en ligne
(www.ameli.fr)

Ce site propose une présentation de la réforme de l'assurance maladie dans ses aspects pratiques (médecin traitant, forfait de 1 euro…).

Le portail de l'Union européenne
(http://europa.eu/pol/financ/index_fr.htm)

Ce site portail de l'Union européenne (UE) présente, dans sa rubrique Budget, les derniers développements, des synthèses et des documents de référence sur le budget de l'Union.

Le site Toute l'Europe. fr
(http://www.touteleurope.fr/)

Site internet du Centre d'information sur l'Europe, anciennement appelé « Sources d'Europe », fondé en 1992 par le gouvernement français et la Commission européenne. Il présente, entre autres, la procédure budgétaire, les recettes et les dépenses de l'Union européenne.

Le portail de l'administration publique, service-public.fr
(www.service-public.fr/)

Ce portail a une visée essentiellement pratique. Il fournit des informations sur les « impôts, taxes et douanes », les « retraites » et la « santé » à la fois sous forme de fiches pratiques et de questions réponses.

Le portail vie-publique. fr
(www.vie-publique.fr)

Ce portail d'information citoyenne, administré par la Documentation française, propose des brèves et des dossiers sur de nombreux sujets en rapport avec les finances publiques (budget de l'État) et la protection sociale (réforme de l'assurance maladie).

Table des matières

Achevé d'imprimer par Corlet, Imprimeur, S.A. - 14110 Condé-sur-Noireau
N° d'Imprimeur : 123940 - Dépôt légal : octobre 2009 - *Imprimé en France*